최원형의
청소년
소비
특강

최원형의 청소년 소비 특강

제1판 제1쇄 발행일 2017년 11월 30일
제1판 제12쇄 발행일 2023년 4월 5일

글 _ 최원형
기획 _ 책도둑(박정훈, 박정식, 김민호)
디자인 _ 서채홍
펴낸이 _ 김은지
펴낸곳 _ 철수와영희
등록번호 _ 제319 - 2005 - 42호
주소 _ 서울시 마포구 월드컵로 65, 302호(망원동, 양경회관)
전화 _ 02) 332 - 0815
팩스 _ 02) 6003 - 1958
전자우편 _ chulsu815@hanmail.net

ISBN 979-11-88215-06-5 43330

철수와영희 출판사는 '어린이' 철수와 영희, '어른' 철수와 영희에게
도움 되는 책을 펴내기 위해 노력합니다.

최원형의 청소년

소비특강

대량 소비가 만든 쓰레기 이야기

철수와영희

한 권 책이 세상에 나오기까지 얼마나 많은 조력자들이 존재하는지
책을 낼 때마다 배운다. 이번 책도 역시 수많은 이들의 도움이 있어 가능했다.

태평양 건너 샌프란시스코 올버니에서 유학 생활 중인 문도운 님부터
인터뷰에 흔쾌히 응해 주신 일곱 선생님들까지!

책을 펴낼 때마다 꼼꼼 읽어 주고 교정해 준 내 아이들 경민과 영준,
날마다 우리 집 베란다에 찾아오는 참새, 어치, 박새며 땅벌에 이르기까지
모든 보이지 않는 끈으로 연결된 이들에게 고마움을 전한다.

'소비를 위한 소비'가 만드는 쓰레기

청소년 여러분 반갑습니다. 여러분에게 '소비'와 '쓰레기' 문제를 이야기할 수 있게 되어 기쁩니다. 여러분은 '쓰레기'라는 말을 들으면 혹시 폭소를 터뜨릴 만한 이미지가 떠오르지 않나요? 짓궂은 장난을 치거나, 이상한 행동을 하는 친구에게 "야, 이 쓰레기야!" 하는 농담을 해 본 경험이 있다면 말이지요.

쓰레기의 뜻을 정확히 알고 싶던 어느 날 저는 사전을 뒤적거려 보았어요. 우리가 사용하는 쓰레기라는 낱말에는 두 가지 사전적인 의미가 있더라고요. "1. 비로 쓸어 낸 먼지나 티끌, 또는 못 쓰게 되어 내다 버릴 물건이나 내다 버린 물건을 통틀어 이르는 말, 2. 도덕적, 사상적으로 타락하거나 부패하여 쓰지 못할 사람을 낮잡아 이르는 말."

2번의 의미로 해석해 본다면 여러분이 장난처럼 쓰고 있는 유행어도 완전히 잘못 쓴 건 아니었어요. 오히려 저는 1번의 의미를 수정해야 한다는 생각이 들었습니다. 왜냐하면 쓰레기라는 말에 못 쓰게 되어 내다 버릴 물건이나 내다 버린 물건도 포함이 되겠지만, 오늘날에는 싫증이 나거나 유행이 지나서 내다 버린 물건이 쓰레기가 되는 경우가 훨씬 더 많기 때문이에요. 이렇게 내다 버린 물건은 아무런 쓸모가 없는 게 아니거든요. 여러분이 쓰레기라고 버린 것들을 한번 떠올려 보세요. 스마트폰을 예로 들어 볼게요. 스마트폰은 금세 유행이 바뀝니다. 그리고 '최신 폰'은 여러분에게 늘 선망의 대상이지요? 그러니 기회만 된다면 '최신 폰'으로 바꾸고 싶어 하는 친구들이 꽤 있을 거라 생각합니다. 이처럼 기업이 유행을 선도하는 걸 '상징적 진부화'라고 해요. 계속 새로운 기능과 디자인으로 상품을 업그레이드시키면서 물건을 소비하게 만드는 일종의 기업 전략인 셈이지요.

인기 있는 연예인이 등장해서 새로운 기능과 세련된 디자인의 신제품을 광고하는 걸 보면 어떤 생각이 드나요? 그 제품을 소유한다면 마치 나도 그 연예인처럼 멋질 것만 같지 않나요? 그런 착각이 제품을 구매하려는 마음을 계속 부채질해 마침내 구입을 하게 되기도 합니다. 그렇게 되면 쓰던 물건은 어떻게 되나요? 글쎄요, 누군가가 '중고 폰'으로 살 수도 있겠지만 결국은 쓰레기로 전락할 겁니다. 유행에 민감하지 않은 친구들도 있겠지요? 물건을 오래 쓰는 걸 좋아하는 성향을 가진 친구들도 물론 있을 거고 말이지요. 그런데 구입한 지 2~3년이

지나면 멀쩡하게 쓰던 스마트폰이나 노트북이 고장 납니다. 서비스센터에 들고 가면 부품이 없거나 너무 비싸서 새 제품을 사는 게 차라리 이득일 때가 많아요. 왜 이런 일이 벌어질까요? 과거보다 과학 기술이 훨씬 발전해 있는데도 왜 물건의 수명은 점점 짧아질까요? 그건 계속해서 새로운 제품을 생산하고 소비하기 위해 이미 생산한 제품의 생산 라인을 오래도록 유지하지 않기 때문이에요. 이런 식으로 계속 새로운 제품을 사도록 시스템화되어 버렸습니다. '수리'한다는 말이 조만간 우리들 곁을 떠날지도 모르겠다는 생각이 들 때도 있어요.

과거에는 동네에 우산을 고치는 아저씨가 한 달에 한두 번 오셨어요. 그럴 때면 집집마다 고장 나서 처박아 뒀던 우산들이 쏟아져 나왔고, 그 우산들을 수선하는 아저씨의 손놀림을 놀라운 눈으로 지켜보던 때가 있었어요. 그러니 우산살 하나 부러졌다고 쓰레기통으로 들어가는 일은 결코 없었지요. 물건 하나가 헤져서 더 이상 쓸 수 없을 정도로 너덜거릴 때까지 오래도록 쓰는 게 당연하던 시절이었어요. 여기서 또 의문이 들지 않나요? 오늘날은 왜 고쳐 쓰는 일이 사라지고 새로 사는 일이 반복되는 걸까요? 얼마나 많은 자원을 우리가 쓰고 있는지 가늠이 되나요? 모든 물건은 지구에서 나오는 원료로 만들어지는데, 세월이 흐르면서 자원의 양이 점점 증가한 걸까요? 그럴 리는 없지 않겠어요? 인구가 점점 증가하는데도 물건의 양은 오히려 더 늘어나고 그럼에도 고쳐 쓰기보다는 새 물건을 소비하는 이런 현상이 정상적인 상황이라고 보기는 어렵습니다.

사실 증가하고 있는 건 인구와 물건만이 아니지요. 쓰레기의 증가는 가히 기하급수적입니다. 오늘 우리가 사는 지구 곳곳은 쓰레기 때문에 몸살을 앓고 있어요. 심지어 인간이 살지 않는 바닷속까지 쓰레기가 꽉꽉 들어차고 있습니다. 그럼에도 쓰레기가 발생하면 대개는 우리 눈앞에서 오래 머물지 않고 곧장 치워집니다. 그래서 쓰레기가 일으키는 문제들이 우리에게 심각하게 와 닿지 않습니다. 아니 거의 모른 채 살고 있다는 표현이 더 적절할 듯싶어요. 우리 눈에 보이는 쓰레기는 빙산의 일각처럼 아주 적은 한 부분입니다. 다시 말해 쓰레기에 얽혀 있는 문제는 물속에 잠겨 있는 빙산의 나머지 부분만큼 큽니다. 이런 문제를 여러분이 알게 된다면, 그리고 더욱 많은 사람들이 알게 된다면 쓰레기에 대한 진지한 고민이 생겨나지 않을까요?

*

우리나라에 할인 매장이란 이름을 단 대형 마트가 마구 생겨나던 때가 있었어요. 1990년 중반 무렵으로 기억해요. 자고 나면 커다란 대형 마트가 생겨났어요. 외국에서 들어온 할인 매장도 있고 우리나라 기업이 만든 할인 매장도 있었어요. 이때가 신도시들이 많이 생겨나던 무렵과 엇비슷하던 때이기도 했고요. 1980년 이후 전 세계는 신자유주의로 흐르며 규제를 완화하고 기업의 세금을 줄여 주며 '기업하기 좋은 조건'을 만들기 시작했어요. 우리나라에도 이 여파가 당연히 왔겠지요. 그렇게 90년대를 맞이했습니다. 대형 할인 매장에는 어마어마하게 많은 물건들이 쌓여 있었지요. 세상에 물건이 정말 많구나, 하는 생각을 처음 하게 되었던 게 그곳에서였어요.

대형 마트에는 공통적으로 '무빙워크'라는 이동 장치가 있습니다. 주차장에 차를 주차하고 카트를 하나 몰고는 무빙워크를 타고 매장으로 들어갑니다. 무빙워크는 계단이 아니라 카트나 유모차 등을 끌고 자유롭게 탈 수 있는 에스컬레이터를 말해요. 대형 할인 매장에서 파는 물건은 낱개 판매가 거의 없어요. 대부분 '덕용'이란 이름으로 대량 포장된 제품을 팝니다. 낱개에 비해 대량 포장된 것이 가격이 싸다는 이유로 무더기로 사게 됩니다. 당장 필요 없는 물건을 단지 싸다는 이유로 잔뜩 사게 되면 소비도 그만큼 많이 하게 되겠지요.

쇼핑한 물건의 양이 아무리 많아도 무겁게 매장에서 들고 다닐 필요가 없어요. 커다란 카트가 있으니까요. 카트와 카트가 부딪치는 일이 매장에서 자주 발생합니다. 계산대에는 카트들이 줄을 서고, 계산을 마친 물건들은 자동차 트렁크에 실려 각자의 집으로 이동합니다. 이동 장치나 자동차의 힘을 빌려 많은 물건들이 소비를 목적으로 이동되는 거지요. 사람의 힘은 거의 들어가지 않아요. 만약 많은 물건을 사서 무겁게 지고 날라야 한다면 소비가 그토록 많이 이루어지지 않을 거예요. 그래서 자동차를 많이 구입하게 되었고, 아파트 주거 문화가 자연스레 형성되었지요. 무거운 쇼핑 보따리는 엘리베이터와 자동차를 통해 집안으로 이동되고, 집안 곳곳과 냉장고에 가득 채워졌습니다. 냉장고 크기가 커지기 시작한 것도 이런 쇼핑 문화와 맥을 같이 합니다. 일주일에 한 번 주말에 장을 보는 이들이 늘기 시작하면서 냉동식품을 왕창 사서 냉동실에 넣어 두고는 일주일을 지내는 문화가 퍼지기 시작한 것도 1990년대 중반부터입니다. 여러분이 태어나기 조금 전부터 이런 쇼핑 문화가 우리나라에 뿌리내리기 시작했어요. 그러니 이런 문화는 사실 길어야 고작 30년 정도입니다.

그렇다면 왜 이렇게 많은 물건들을 기업들은 생산하는 걸까요? 대량 생산의 전제에는 대량 소비가 있습니다. 많이 팔릴 걸 예상하고 물건을 만든다는 거지요. 이윤의 극대화 즉, 많이 만들고 많이 팔아 많은 이윤을 보려는 거겠지요. 사람들이 물건을 지속적으로 소비하도록 하기 위해서는 계속 흥미를 끌 만한 디자인이나 기능 혹은 맛이 개발되어야 합니다. 그래서 소비자들이 지속적으로 그 물건을 필요하도록 만들어야 합니다. 어느덧 소비는 필요가 아니라 '소비하기 위한 소비'로 목적이 바뀌었습니다. 소비하기 위해 소비한 것들은 금세 싫증이 날 테고 그러니 금세 또 다른 물건으로 대체하기도 쉬워지겠지요.

뭔가 정말 필요한 물건이 있다고 생각해 보세요. 그걸 사기 위해 우리는 이런저런 계획을 세우고 돈을 모으면서 기다립니다. 기다리는 동안 어쩌면 그 물건의 필요가 사라질 수도 있습니다. 혹은 시간이 흐르는 동안 그 물건이 더욱 간절해질 수도 있고요. 시간이 흐르는 동안 소비할지 말지의 결정도 더 가다듬을 수 있습니다. 필요에 의한 소비입니다. 그런데 광고를 통해, '와, 저런 물건도 있네. 갖고 싶어!'라는 즉흥적인 생각이 들어 구입하는 물건은 애당초 '필요'와는 거리가 멉니다. 그 물건을 대체할 만한 더 흥미로운 물건이 나온다면 전에 구입한 물건은 이제 관심 밖으로 밀려나기가 쉽습니다. 소비를 위한 소비입니다. 그렇게 관심 밖으로 밀려난 물건들은 곧장 쓰레기가 됩니다. 그러니까 쓰레기는 더 이상 쓸 수 없어서가 아니라 관심이 없어서 생기는 경우가 훨씬 많다는 거지요.

*

오랜 시간 동안 고유의 문화를 일구고 살아가는 선주민들은 쓸모없는 물건이 있다는 걸 이해하지 못한다고 해요. 그래서 그들의 언어에는 쓰레기를 표현할 명확한 단어가 없답니다. 그도 그럴 것이 일회용품이나 플라스틱 제품들이 없으니까요. 일회용품만 안 써도 쓸모없는 물건이 얼마나 줄어들까, 하는 생각도 듭니다. 우리의 전통을 잘 들여다보면 고작해야 아궁이에서 나오는 재와 뒷간에서 나오는 분뇨들 정도가 쓰레기였을 거예요. 그런데 그런 것들도 모두 흙을 풍부하게 만드는 거름으로 쓰였지요. 낡고 해진 옷은 기우고 덧대어 가며 입었고요.

오늘날 쓰레기가 많아졌다는 건 그만큼 물건이 흔해지고 상대적으로 가격이 싸졌다는 의미입니다. 그렇다면 대체 물건은 어떻게 흔해지고 가격은 저렴해질 수 있는 걸까요? 여기에는 우리가 쉽게 눈치챌 수 없는 비밀이 있어요. 값싼 노동력이라는 불편한 진실이 숨어 있지요. 원료를 채굴하는 과정에서 벌어지는 인권 탄압 등 상상하기 쉽지 않은 일들도 있을 테고요.

쓰레기가 어떤 과정을 거쳐 지구 어딘가에 어떤 모습으로 있는지 물건을 소비하는 우리들 대부분은 궁금해한 적이 별로 없을 거예요. 쓰레기는 우리의 관심사가 아니니까요. 쓸모없고 지저분하고 얼른 치워 버려야 할 것이라고 생각할 뿐일 거예요. 그러니 쓰레기의 행방이 궁금할 이유가 있을까요? 그런데 한번 생각해 보죠. 공장에서 생산된 물건들은 결국 쓰레기가 됩니다. 지금 잘 쓰고 있다 해도 잠재적 쓰레기인 셈이지요. 공장에서 생산하는 물건들의 원료는 모두 지구에서 옵니다. 지구에서 꺼낸 것이 다시 지구로 온전하게 돌아가는 걸 순환이라 하는데 공장에서 만들어진 물건들은 대부분 다시 지구로 돌아가지 못해요.

가령 플라스틱의 경우, 자연 분해는 안 되고 잘게 쪼개지기만 하죠. 게다가 생물체 몸에 들어가게 되면 내분비계 교란 물질이 되면서 해를 끼치게 됩니다. 매립이나 소각을 하면 토양과 대기를 오염시킵니다. 쓰레기가 온전히 순환하지 못하기 때문에 이런저런 문제가 계속 발생합니다. 쓰레기는 '인류의 발자국'이라 할 만큼 인류가 가 닿는 곳 어디에

나 있습니다. 아니, 심지어 인류의 발이 닿지 않는 곳까지 쓰레기가 떠밀려 가 있기도 합니다. 다음 세대들은 우리 세대가 남겨 놓은 쓰레기로 인해 불행한 삶을 살게 될 겁니다.

개인의 소비 습관이 바뀐다면 해결되는 걸까요? 쓰레기 문제는 조금 더 큰 틀에서 봐야 할 것 같아요. 이제 여러분에게 여섯 번에 걸쳐 이와 관련한 이야기보따리를 풀어 보려 합니다. 이 글을 읽어 나가는 과정에서 조금이라도 소비와 쓰레기 문제에 관심이 생기길 바랍니다. 그렇게 된다면 여러분을 포함한 미래 세대들의 삶이 조금 더 행복할 수 있을 거라 생각하니까요.

2017년 11월 최원형

차례

첫 번째 강의

풍요의 함정

오늘 우리가 누리는 혜택을 한번 생각해 볼까요? 여러분은 태어날 때부터 이미 주위에 컴퓨터와 핸드폰이 있었어요. 그러나 컴퓨터와 핸드폰이 우리 삶에 이토록 가깝게 오게 된 건 고작해야 20~30년밖에 안 됩니다. 약 100년 전과 오늘 우리의 삶을 비교해 보면 지금 우리들의 삶은 과거 어떤 왕들보다도 월등하게 호화롭습니다. 우리가 누리는 생활은 조선의 26번째 왕이었던 고종이 누렸던 생활과는 비교할 수 없을 만큼 훨씬 풍요롭고 고급스럽습니다.

고종은 조선 땅에 막 들여온 전기와 자동차를 아주 잠시 경험은 해 봤겠지만 컴퓨터라는 걸 본 적도 없고 인터넷이 무엇인지도 알지 못했습니다. 집집마다 자동차가 있고 밤도 낮보다 환한 세상이 있을 수 있다는 것 역시 몰랐습니다. 새처럼 하늘을 나는 비행기는 언급할 필요도 없겠지요. 더구나 다른 나라에 있는 사람과 얼굴을 보며 이야기를 나누고, 기계와 게임은 물론 대화까지 가능하다는 것을 상상이나 할 수 있었을까요? 생전 처음 가게 되는 장소도 정확히 알려 주는 스마트폰은 더욱 상상조차 못 했겠지요. 한겨울에도 싱싱한 딸기를 먹을 수 있는 세상은 또 어떤가요? 현재 우리가 누리는 거의 대부분의 것들을 고종은 상상조차 못 했을 겁니다. 과학 기술이 나날이 발전하니까 당연한 결과라고 생각할 수 있습니다. 그런데 오늘날 우리 삶이 이토록 엄청나게 발전하고 풍요로워진 데 가장 큰 기여를 한 것은 대체 무엇일까요?

지구 용량 초과의 날

오늘날 풍요로운 생활은 과학 기술의 발전이 한몫했습니다. 그런데 과학 기술이 파급력을 갖고 대중에게로 퍼져 나가게 된 배경에는 값싼 화석 연료가 있었습니다. 풍요와 안락, 과도한 소비가 가능하게 된 맥락을 따져 들어가다 보면 결국 화석 연료와 만나게 됩니다. 화석 연료란 땅속에 묻힌 동식물이 오랜 시간 지나 만들어진 연료를 말합니다. 최근 재생 에너지가 등장하기 전까지 인류는 대부분의 에너지를 화석 연료에 의존해 왔습니다. 화석 연료로는 석탄, 석유 그리고 천연가스 등이 있습니다. 증기기관 기차와 선박의 동력이 됐던 석탄은 영국에서 산업 혁명을 탄생시킨 주역이었습니다. 세계가 일일생활권에 묶일 수 있도록 해 준 비행기, 값싼 물건들, 고도의 의료 기술, 그리고 사시사철 푸르고 싱싱한 먹을거리에 이르기까지 화석 연료가 없었다면 가능했을까요? 핵연료인 우라늄도 화석 연료가 없다면 채굴이 불가능했을 겁니다. 왜냐하면 우라늄의 추출과 정제, 가공, 운송 등 모든 과정이 화석 연료에 의존하고 있기 때문입니다.

석유 산업이 태동할 당시 주요 에너지원은 나무나 석탄, 물 등이었어요. 석유는 그저 조명을 밝히는 데 쓰이는 정도였다고 해요. 그러다 19세기 유전 개발이 잇따르면서 석유가 넘쳐 나게 됩니다. 이에 발맞춰 자동차 산업이 성장하고 도로 건설과 포장이 활발해지지요.

특히 자본주의가 발달한 미국은 석유를 주요 제조업과 수송, 소비재

▲ 석유를 채굴하는 모습.

에 광범위하게 응용했습니다. 미국은 오늘날 소비 경제 시스템을 만들어 낸 나라이지요. 석유를 원료로 하는 플라스틱 및 합성 섬유 산업도 미국에서 시작됐어요. 미국은 최고의 석유 소비 국가입니다. 인류에게 석유와 같은 화석 연료의 유혹은 강력했고 그 유혹에 빠지지 않을 도리가 없었습니다. 나날이 편리한 세상이 눈앞에 펼쳐지고 상상도 못하던 일이 가능해지는데 어떻게 그 유혹에 빠지지 않을 수 있었겠어요?

그런데 화석 연료에 도취된 지난 100여 년 동안 간과했던 것들이 모습을 드러내고 있습니다. 이제 화석 연료를 사용한 대가를 치러야 할 때가 된 거지요.

백화점이나 쇼핑센터, 혹은 길가에 늘어선 가게들을 들여다봐도 물건이 넘쳐 나는 모습을 쉽게 볼 수 있습니다. 그런 풍경을 보다 보면 가끔 '이런 풍요로운 삶이 언제까지 지속될까?' 하는 생각을 할 때가 있습니다. 왜냐하면 물건을 만드는 원료는 모두 지구에서 나오니까요. 여러 지하자원의 고갈 시점을 예상한 자료를 본 적이 있는데 늦어도 100년 안에 많은 자원들이 바닥을 드러내더군요. 그렇다면 미래 세대들은 무얼 가지고 어떻게 살아가나요? 100년이라고 하니까 여러분 세대는 괜찮을까요? 길게 잡힌 게 100년이고 석유는 30년이면 바닥을 드러낼 걸로 예측됩니다. 짧은 기간 안에 고갈될 자원들도 많습니다.

이런 위기감이 '생태 발자국'이라는 개념을 만들었습니다. '생태 발자국'은 사람들이 가져다 쓰는 자원과 쓰레기 처리에 필요한 땅의 크기를 말해요. 이 개념은 1996년 마티스 왜커네이걸과 윌리엄 리스라는 사람이 창안했습니다. 세계 자연 기금(World Wide Fund for Nature, WWF)은 2년에 한 번씩 '지구 생명 보고서'를 내놓습니다. 2014년 보고서를 보면 생태 발자국은 2.6헥타르라고 합니다. 이는 지구 생태계가 감당할 수 있는 1.7헥타르를 0.9헥타르나 뛰어넘은 수치예요. 수치가 클수록 그만큼 지구에 해를 많이 끼친다는 뜻입니다. 이대로라면 2050년쯤에는 지구가 세 개는 되어야 할 만큼 엄청난 자원을 쓰게 될 것으로 전망하고 있습니다. 생태 발자국을 줄이려면 자원 낭비와 환경 파괴를 막아야 해요.

세계 자연 기금 2016년 보고서에 따르면 전 세계 야생동물의 수는 1970년에 비해 58퍼센트나 줄었다고 합니다. 겨우 45년 동안 절반 이상이 사라진 거예요. 인간의 무분별한 개발로 인한 서식지 감소와 환경 변화가 주요 원인으로 지목되고 있습니다. 앞으로 그 속도가 더욱 빨라질 거라고 하네요. 동물이 살지 못한다는 건 그만큼 환경이 파괴되었다는 뜻입니다.

글로벌 생태 발자국 네트워크(Global Footprint Network, GFN)는 해마다 '지구 용량 초과의 날'을 발표합니다. 1990년에는 12월 7일이 바로 그날이었어요. 한 해 동안 써야 할 자원을 다 써 버린 날을 뜻합니다. 2000년에는 11월 1일, 2010년에는 8월 21일이었습니다. 엄청난 속도로 자원을 써 버린 거에요. 흥미로운 사실은 미국발 금융 위기로 전 세계 경제가 불황이었던 2011년 '지구 용량 초과의 날'은 9월 27일로 전

▲ 농촌에서 초가지붕을 뜯고 기와로 지붕을 바꾸는 모습. ⓒ e영상 역사관

년에 비해 한 달 이상 늦춰진 거예요. 경기가 안 좋으니 사람들이 소비를 줄였기 때문입니다.

그렇다면 우리나라는 어떨까요? 한국의 생태 발자국은 1960년대 후반부터 이미 초과 상태였습니다. 급속한 산업 발전 때문입니다. 1960년대는 경제 개발 5개년 계획이 시작된 때입니다. 당시 자원 개발과 시멘트, 기계, 정유 같은 중공업 육성이 대규모로 이루어집니다. 농촌에서는 초가지붕을 뜯어내고 시멘트로 담을 쌓는 새마을 운동이 전개되었습니다. 환경이 파괴될 수밖에 없었어요.

　지금과 같은 인구 증가와 소비 속도로는 지구가 지속적으로 그리고 점점 더 강도 높게 혹사를 당할 겁니다. 생태계가 불안해지니 거기에 살고 있는 우리 삶도 위태롭긴 마찬가지입니다. 지구는 우리의 집이니까요. 그렇다면 이상하지 않나요? 어떻게 하나의 지구에서 우리가 여태 살고 있는 걸까요? 전 세계 80퍼센트의 가난한 나라들이 힘겹게 떠받치고 있기 때문입니다. 다수의 희생 위에 20퍼센트의 풍요롭고 안락한 삶이 유지될 수 있다는 생각을 해 보세요. 미안한 마음이 들지 않나요? 사실 여러분보다는 기성세대들이 더 많이 미안해야겠지요. 그런데 이 문제는 단순히 미안함으로 끝낼 문제가 아니라 윤리와 정의의 관점에서 생각해 봐야 할 문제입니다. 모든 인간은 태어나면서부터 행복할 권리가 똑같이 주어져야 하기 때문입니다. 지구에서 함께 살아가야 할 우리 삶과 밀접한 문제이므로 함께 고민하고 삶에 변화를 가져와야 합니다.

개발 이데올로기의 등장

　지구 자원의 소비로 위태로운 데다 엎친 데 덮친 격으로 폐기의 문제가 부각되고 있습니다. 소비한 많은 물건들이 결국은 쓰레기가 될 텐데 대체 '어디에 어떤 방식으로 폐기를 해야 될 것인가'를 생각하지 않을 수 없습니다. 이미 지구 용량을 초과한 소비 그 자체도 문제지만, 공장에서 생산된 물건은 폐기되어도 거의 자연으로 돌아가지 못합니다. 왜 우리 앞에 이런 문제가 생긴 걸까요? 무엇이 원인인 걸까요? 2차 대전이 끝나고 난 이후 세계를 지배하기 시작한 "대량 생산, 대량 소비"의 결과물이라고 봐야 할 겁니다. 대량 생산된 물건이 대량 소비가 되고 난 후 나오는 대량 폐기, 이 구조를 생각하지 않고서는 답을 찾을 수 없습니다.

최근 아주 흔해져 버린 표현 가운데 '지속 가능한 발전'이라는 말이 있습니다. 저는 이 표현을 들을 때마다 거슬립니다. 지속 가능과 발전이 양립할 수 있을까요? 앞서 지구 용량 초과의 날을 언급하면서 계속 빨라지던 지구 용량 초과일이 경제 불황으로 한 달 물러났던 걸 기억하지요? 경제 사정이 안 좋아질 때 지구는 보다 지속 가능한 상태로 되돌려질 수 있다는 걸 알게 됐습니다.

이제 발전에 대해 생각해 볼게요. 우리는 숲이 우거져 있는 곳을 보고 발전했다고 하지는 않습니다. 숲이 있던 자리에 아파트나 빌딩이 들어서고 개발이 되면 많이 발전했다고 합니다. 정치학자면서 시민운동가이기도 한 더글러스 러미스는 그의 책 『경제 성장이 안 되면 우리는 풍요롭지 못할 것인가』에서 발전을 '이데올로기'라고 했습니다. 이데올로기란 뭔가요? 간단하게 말하면 인간, 자연, 사회에 대해 현실적이면서도 이념적인 생각의 모든 형태를 이데올로기라 할 수 있을 것 같습니다.

대부분의 사람들은 경제 발전을 이데올로기로 인식하지 않고 현실적이고 객관적인 사실로 이해하고 있습니다. 여러분도 잠깐 생각해 보세요. 경제 발전을 당연한 걸로 받아들이지 않나요? 내가 선택하고 말고 할 사안이라고 생각하지 않습니다. 저 역시 그렇게 생각하던 때가 있었습니다. 바로 그 지점을 러미스는 말하고 있는 겁니다. 러미스에 따르면 경제 발전 이데올로기는 자유주의자나 보수주의자, 민족주의자, 파시스트나 레닌주의자, 스탈린주의자 등이 모두 공유하고 있는 사고방식이기 때문에 매우 성공한 이데올로기라고 했습니다.

제2차 세계대전이 끝난 후 미국의 트루먼 대통령은 1949년 취임 연설에서 미개발 나라에 기술적·경제적 원조를 하겠다고 선언합니다. 연설문에는 두 개의 중요한 개념이 등장합니다. 바로 '미개발'과 '발전'입니다. 그의 말에는 유럽과 미국 이외의 나라들은 모두 '미개발' 상태라는 전제가 깔려 있습니다. 마을 공화국을 이루며 지극히 생태적인 삶을 살아오던 북미 선주민, 자연과 동화되어 살던 아마존 선주민뿐만 아니라 오랜 역사를 자랑하는 이집트며 유서 깊은 문자 문화를 가진 중국까지, 모두 미개발 국가가 된 거예요. 결국 유럽과 미국을 중심에 놓고 세계를 재편한 것입니다. '선진국'인 자신들이 나머지 '미개발' 나라들을 돕겠다는 이야기였습니다. 여러분은 동의하나요? 만약 제게 묻는다면 이것은 일방적인 폭력일 뿐이라고 답하고 싶습니다.

경제 발전이 남긴 것들

자, 또 하나의 개념어인 '발전'이란 뭔가요? 사전적 의미의 발전은 "더 낫고 좋은 상태나 더 높은 단계로 나아가는" 걸 말합니다. 그런데 과연 발전이 더 낫고 좋은 상태 혹은 더 높은 단계로 나아가는 건지를 의심해 볼 필요가 있습니다. 2차 대전이 미국에는 경제적으로 매우 유익한 전쟁이었습니다. 전쟁 덕에 불경기에서 탈출했지요. 전쟁이 끝나자 다시 불경기로 돌아갈까 봐 걱정하던 미국은 투자처를 찾아야 했습니다. 그런데 그곳이 바로 그들이 정의 내린 '미개발' 국가였어요. 투자의 명분은 발전이라고 했지만 실은 착취의 다른 이름이었습니다. 신자유주의, 세계화는 여러분에게도 익숙한 말일 텐데 사실 이것은 오늘날 새로운 현상이 아닙니다. 식민지주의나 제국주의도 일종의 세계화였으니까요. 20세기 중반에 접어들면서 이 경제 발전이 주류 이데올로기가 되었다는 게 더글러스 러미스의 주장입니다.

여러분, 신자유주의가 뭘까요? 간단히 말해서 인간 세상의 만사, 만물을 영리 활동 그러니까 돈을 버는 활동 아래 복종하게 만드는 제도입니다. 그러니까 사물과 인간, 사물과 자연, 인간과 사회 등 중층적으로 얽혀 있는 여러 관계들에서 수익이 창출되느냐 그렇지 못하느냐로 가치를 평가하는 것을 신자유주의라고 할 수 있지요. 수익이 창출되지 않으면 어떻게 되냐고요? 배제되고 사라지게 됩니다. 냉혹하지요?

가치를 돈으로 따질 수 없는 게 얼마나 많은가요? 그럼에도 효율의 극대화로 수익을 최대로 끌어올리는 것만이 가치로 인정받게 되니 오늘 우리가 사는 세상을 물신이 지배한다고 표현하는 걸 거예요. 쓰레기 문제도 바로 이 지점에서 봐야 할 것 같습니다. 우리가 살고 있는 지구를 공동의 집이라고 본다면, 우리의 소비가 지금과 같을 수 있을까요? 앞서 살펴본 발전의 사전적 의미는 "더 낫고 좋은 상태 혹은 더 높은 단계로 나아가는 것"이었지요. 그렇다면 지구 안에 있는 것들을 남김없이 꺼내 써 버리는 게 과연 더 낫고 좋은 상태로 나아가는 걸까요? 쓰고 버려진 폐기물들로 땅, 강, 숲, 하늘 그리고 바다가 오염되어 가는 현상도 더 낫고 좋은 상태로 나아가는 거라고 할 수 있나요?

여기서 우리는 모순을 발견하게 됩니다. 더 편리하고 더 풍족한 상태면서도 자원은 계속 더 늘어나고 생태계가 더 건강해진다면 그것을 발전이라 할 수 있겠지요. 그런데 현실은 그게 아니잖아요. 모두가 편리하고 풍요롭고 행복해지는 그런 삶이 진정 발전일 텐데, 오히려 양극화가 더 심해지고 있어요. 이것이 진정한 발전일까요? 발전 패러다임 속에 갇혀 오히려 발전하지 못하고 퇴행을 거듭하는 오늘날 우리의 삶 한복판에 쓰레기 문제가 있습니다. 어쩌면 우리 다음 세대는 아니 어쩌면 우리 세대부터 쓰레기 더미에서 살게 될 날이 올지도 몰라요.

2015년 11월 말 저는 프랑스 파리에서 20여 일 동안 지낸 적이 있습니다. 비행기를 타고 다니는 일은 가능하면 줄이려 합니다. 비행기가 배출하는 온실가스가 상당하니까요. 우리는 나라 밖으로 나가려면 비행기든 배든 뭔가를 탈 수밖에 없어요. 곧 온실가스 증가에 큰 기여를 할 수밖에 없습니다. 그런데 부득이 갈 수밖에 없었던 배경에는 21차 기후 변화 협약 당사국 총회(UNFCCC)가 파리에서 열렸기 때문입니다. 저는 우리나라와 아시아 엔지오(NGO, 비정부 기구) 활동가들과 함께 파리에서 기후 변화 대응과 재생 에너지에 관한 여러 나라의 다양한 활동들을 보고 국제 연대에 함께 힘을 보태는 시간을 보냈습니다.

당시 21차 기후 변화 협약 당사국 총회는 '인류에게 가장 중요한 2주일'이라는 수식어가 붙었습니다. 기후 변화로 인해 상승하는 지구 기온을 2도 혹은 1.5도로 제한해야 한다는 목표가 있었어요. 이를 위해 전 세계 모든 국가들은 탄소 배출에 대한 자발적 감축 목표를 미리 제출해야 했고요.

파리 외곽에 위치한 르부르제에서 총회가 열렸는데 각국에서 많은 사람들이 왔어요. 특히 제 눈에 띈 사람들은 아마존과 부탄, 투발루 그리고 알래스카에서 온 활동가들이었어요. 그들의 공통점은 모두 기후 변화의 피해를 가장 많이 받고 있는 지역에서 왔다는 것입니다. 열대우림이 사라져 가는 걸 막아달라고 호소하는 아마존 활동가의 목소리, 야크(yak, 티베트·히말라야 등지에 사는 소과의 동물) 복장을 한 채 기후 변화로 야크가 살기 너무 힘들어졌다는 상황을 연출하는 퍼포먼스와 함께 기후 변화가 아니라 시스템에 변화가 있어야 한다고 구호를 외치는 활동가들의 모습은 대단히 인상적이었습니다. 특히 시스템에 변화가 있어야 한다는 구호는 문제의 핵심을 그대로 표현했다고 생각합니다.

인류가 자원을 지금처럼 사용한다면 지구는 자원을 제공할 능력을

첫 번째 강의
풍요의 함정

29

굉장히 빠른 속도로 잃게 될 겁니다. 자원을 쓰면서 발생하는 온실가스로 지구에 사는 우리들은 다양한 기상 이변들로 고통을 겪게 될 거고요. 그 과정에서 자원의 불안정성에 따른 경제, 사회, 정치적 분쟁이 지구 곳곳에서 발생하게 될 겁니다. 2016년 스위스 다보스에서 열린 세계 경제 포럼에서 발표한 '지구 위기 보고서'에 따르면 주요 위기가 하나같이 기후 변화와 관련된 내용들이었습니다.

그렇다면 기후 변화의 원인은 뭘까요? 여러분도 익히 잘 알고 있는 온실가스지요.

'기후 변화에 관한 정부 간 협의체(IPCC)'라는 기구가 있습니다. 유

▲ 기후 변화로 고통받는 북극곰의 모습.

엔에서 설립한 기구로 세계 각국의 기상학자, 해양학자, 빙하 전문가, 경제학자 등 3000여 명으로 구성된 전문가 집단입니다. 2007년에는 앨 고어 전 미국 부통령과 함께 노벨 평화상을 수상하기도 했습니다. 2014년 이곳에서 발표한 보고서에는 "인간이 기후 시스템에 명백한 영향을 미치고 있고, 최근 배출된 인위적 온실가스의 양은 관측 이래 최고 수준이다. 기후 변화는 최근 인간계와 자연계에 광범위한 영향을 주고 있다"고 적시되어 있습니다.

위기의식을 느낀 인류는 이 문제를 풀고자 함께 머리를 맞댑니다. 2015년 파리에서는 전 세계에서 200여 나라가 참여했고, 탄소 배출량을 2050년까지는 제로 상태로 줄이겠다는 계획을 발표하는 나라들도 꽤 있었어요.

기후 변화의 주범이 화석 연료이고 이제 세계는 기후 변화에 대응을 해야 한다는 입장에 모두 동의를 했으니 화석 연료는 무대의 뒤안길로 사라져야 한다는 것은 당연한 말처럼 들립니다. 그런데 우리가 쓰는 대부분의 물건이 석유 화학 제품이라는 걸 알게 된다면 화석 연료가 무대 뒤안길로 사라지는 일이 결코 쉽지 않다는 걸 실감하게 될 겁니다. 혹자들은 기술 발전으로 새로운 방식으로 살아가는 일이 가능해진다고 합니다. 그러나 아무리 기술이 발전해도 지금의 대량 생산 – 대량 소비 시스템은 자원이 받쳐 줘야 가능합니다.

변화의 첫걸음, '성장'에서 벗어나기

뉴욕 시립대 데이비드 하비 교수는 그의 책 『세계를 보는 눈』에서 "통념상 예측하거나 설명하기 어려운 변화가 세계적 차원에서 반복된다"고 했습니다. 한 예로, 2011년부터 2년 동안 중국이 소비한 시멘트는 65억 톤이 넘어요. 미국이 지난 20세기 100년 동안 소비한 45억 톤을 능가합니다. 그 배경에는 중국의 급격한 도시화와 산업화가 있었습니다. 이로 인한 자원 소비도 엄청나서 시멘트뿐만 아니라 전 세계 철광, 석탄 등의 절반을 가져다 쓰고 있어요. 그렇다면 중국은 언제까지 이런 소비가 가능할까요? 세계 곳곳에서 진행되는 자원의 소비는 언제까지 가능한 걸까요?

독일의 대표적인 성장 비판론자 중 한 명인 올덴부르크 대학의 니코 페히 교수는 '지금 소유하고 나중에 지불하기' 원칙을 얘기합니다. 지금 당장 소유할 수 없는 것을 소유하기 위해 미리 당겨서 쓴다는 거지요. 신용 카드를 떠올려 보면 이해가 아주 쉬울 것 같습니다. 내 주머니에 당장 돈이 없어도, 심지어 은행 잔고마저 없어도 다음 달에 들어오는 월급이나 용돈을 예상하고 소비를 한다는 거지요.

나중에 지불한다는 것은 곧 '빚'을 의미합니다. 소비 사회에서는 끊임없이 빚이 증가하고 있어요. 여러분이 뉴스에서 듣는 가계 부채, 국가 부채도 곧 빚입니다. 빚이 생기는 원인을 간단히 말하면 지금 가질 수 없는 것을 원하기 때문이지요. 그 결과 미래에 짐을 지우게 되는 거고요. 이렇게 흘러가는 까닭은 우리 모두가 성장과 발전이라는 패러다임 속에 갇혀 있기 때문입니다. 그런데 경제 성장은 지속될 수 있는 건가요? 아니, 정말 경제 성장이 안 되면 우리는 풍요로울 수 없나요? 거꾸로 이런 의문을 한번 가져 보면 어떨까 싶습니다. 너무 당연해서 아무런 비판 없이 여겼던 것들에 대해 뒤집어 생각해 보는 것 말이에요. '정말 그래?' '그게 사실일까?' 하는 생각은 우리의 인식에 새로운 변화를 가져다줄 수 있어요.

많이 쓰는 말 가운데 별생각 없이 쓰는 말들은 한 번쯤 그 의미를 진지하게 생각해 볼 필요가 있을 것 같아요. 가령 '기후 변화'라든가 '발전'이나 '성장' 같은 말들 말입니다. 사람들은 기후 변화라는 말만 들으면 이미 다 알고 있다고 생각해요. 발전이나 성장에 대해서는 상당히 호의적입니다. 그러니 녹색 성장이나 지속 가능한 발전이라는 말에 대해서는 별다른 의심을 하지 않는 것 같아요. 녹색도 좋은 말, 지속 가능하다는 의미도 매우 긍정적이다 보니까 이런 말들이 성장이나 발전과 붙어 있어도 그냥 받아들입니다. 그런데 이런 말들이 얼마나 형용 모순인가요? 녹색은 결코 성장과 나란히 있을 수 없습니다.

성장의 사전적 의미는 뭔가요? 뭔가가 점점 커지거나 증가하는 것을 성장이라고 합니다. 성장하다가 성숙의 단계를 거쳐 노화해서 죽음에 이르는 것이 생명을 가진 존재들의 숙명이라고 볼 때 성장은 그 자체로 매우 자연스러운 현상입니다. 죽음은 새로운 생명으로 순환을 합니다. 생태계의 상호 의존적인 관점에서 본다면 말이지요. 그러니 성장

▲ 산업 혁명 시기 노동하는 어린이들.

은 그 자체로 비난받거나 논쟁할 대상이 전혀 아닌 거지요. 그런데 인간이 생태계와의 상호 의존적인 관점을 거두고 이윤의 관점에서 자연을 착취하기 시작하면서 성장이 담고 있던 본래의 의미는 완전히 변해버렸습니다.

　자연과의 공생 대신 자연을 무자비하게 착취하는 쪽을 선택했고 착취에서 비롯된 자본이 무한 성장하길 원했던 겁니다. 자연의 착취는 노동력의 착취로 이어졌고 대량 생산을 이루었습니다. 그리고 대량 생산은 대량 소비를 염두에 둔 것이지요. 결국 소비 사회만이 성장의 동력을 제공할 수 있었습니다. 필요한 성장이라면 반길 만하지만 '성장을

위한 성장'은 '소비를 위한 소비' 사회로 직행하게 됩니다. 그리고 소
비 사회의 종착지는 대량 폐기 사회로 이어집니다. 소비 사회의 전제
가 되는 대량 생산은 자원이 무한할 것이라는 또 다른 전제 없이는 불
가능할 테지만 자원은 대단히 유한합니다. 그리고 이미 100여 년 동안
엄청난 자원을 소비했습니다. 이제 우리 앞에 남겨진 것은 폐기물들입
니다.

성장 반대주의자인 파리 11대학 석좌 교수 세르주 라트슈는 어느 기
고문에서 소비 사회의 근거로 '세 개의 무제한'을 거론한 적이 있습니
다. 첫째, 무제한 생산하면서 재생 가능하든 가능하지 않든 자원을 무
제한 사용한다는 겁니다. 둘째, 쉼 없이 필요를 만들어서 불필요한 잉
여 생산물을 무제한으로 생산한다는 거고요. 셋째, 쓰레기와 오염물을
무제한 배출한다는 거지요. 이 세 가지 무제한은 사실상 하나로 연결
되어 있습니다. 이 책에서는 그 가운데 세 번째 '쓰레기'와 '오염물 배
출'에 방점을 두고 살펴보려 합니다. 쓰레기와 오염물 배출은 눈에 보
이는 것도 있고 눈에 보이지 않는 것도 있습니다. 폐기물들은 다양한
모습으로 배출되며 우리의 모든 활동과 아주 밀접하게 연결되어 있습
니다.

두 번째 강의

지혜로운 소비

고고학자들은 유물을 발굴한 후 시대를 추정하면서 당시의 생활사를 퍼즐 맞추듯 맞춰 나갑니다. 그래서 그 시대에 살지 않아도 우리는 남겨진 물건들을 통해 과거를 짐작할 수 있어요. 그런 점에서 유물은 상당히 유용한 물건임이 틀림없습니다. 그렇지만 유물이 현재 시점에서 어떤 쓰임새가 있는 건 아니에요. 이럴 경우 유물은 쓰레기에 포함이 될까요? 아마 그렇게 생각하는 사람은 없을 거예요. 그런데 만약 유물이 시대를 상징하거나 고고학상 중요한 단서가 되는 물건이라는 것을 모르는 어떤 이에게 그것은 뭐가 될까요? 그저 쓸모없고 낡아 빠진 물건, 그러니까 쓰레기가 될 겁니다.

조개무지라고 들어 보았나요? 패총 혹은 조개 무덤이라고도 합니다. 그 안에는 토기, 석기, 짐승의 뼈, 뿔 등이 잘 보전되어 있어서 학술적 가치가 높아요. 흥미로운 점은 고고학계에서는 이를 '음식물 쓰레기 더미(kitchen midden)'로 부른다는 거예요. 선사 시대 사람들이 먹고 버린 것들이니까요. 결과적으로 그들이 버린 쓰레기가 오늘날 당시의 생활사를 연구하는 데 중요한 단서를 제공한 셈입니다.

도시의 등장과 쓰레기

그렇다면 조개무지가 최초의 쓰레기였을까요? 쓰레기를 무엇으로 정의하느냐에 따라 달라질 거예요. 쓸모없어 버려지는 것을 쓰레기라 규정짓는다면 우리가 날마다 몸 밖으로 배출하는 똥과 오줌이 아마 인류 최초의 쓰레기일 겁니다. 누구든 태어나는 순간부터 사는 동안 배출하지 않을 수 없으니 최초의 쓰레기라 할 만하지요?

오물 하면 꼭 떠오르는 게 하이힐입니다. 오늘날 하이힐은 멋쟁이들의 필수품이지만 하이힐이 생기게 된 배경은 전혀 의외입니다. 17세기 초 프랑스에서 등장한 굽 높은 하이힐은 당시 사람들이 집에서 내다 버린 오물을 피하기 위해서였습니다. 당시 프랑스에서는 사람들이 밤새 쌓인 오물을 창을 열고는 바깥에 내다 버렸습니다. 하수 시설이 제대로 정비되지 않은 상태였기 때문이죠. 상상이 가나요? 화려한 베르사유 궁전에도 화장실이 없었습니다.

사실 길거리에 오물을 버린 것은 파리만이 아니었어요. 오래전 고대 로마의 도시였던 폼페이가 화산 폭발과 함께 오랜 시간 묻혔다가 발굴

되면서 징검다리가 나왔어요. 그 징검다리는 폼페이 거리가 오물투성이었던지라 이를 피하기 위해 건너다녔던 흔적이라고 합니다. 하수 시설이 있기 전 도시들은 다 엇비슷하게 오물들로 골치를 앓았던 것 같아요.

영국도 중세 시대에 점차 도시화가 되면서 많은 사람들이 수도인 런던으로 몰려들었어요. 사람이 몰리자 공간이 부족해져서 복층 건물들이 세워지기 시작했는데 그 당시에는 아직 수세식 화장실이 등장하기 전이었기에 사람들이 요강을 사용했어요. 요강이 차면 하수구에 버렸는데 점차 2층 이상에 사는 사람들은 아래층에 내려와서 버리는 게 귀찮아지자, 프랑스 사람들처럼 창밖으로 내다 버리기 시작했답니다. 오물만이 아니라 설거지 개숫물도, 쓰레기도 창밖으로 버렸습니다. 14세기 무렵 거리의 분뇨가 심각한 사회 문제로 부각되자 영국 왕실은 법을 제정해서 창밖으로 분뇨를 투척하는 것을 금지시켰지만 별 소용이 없었다고 합니다. 그런데 만약 농촌에서라면 분뇨가 오물로 전락했을까요? 농촌에서 분뇨는 쓰레기가 아니라 오히려 훌륭한 거름이지요. 그러니 도시라는 공간 특성상 생기지 않아도 될 쓰레기가 생기게 된 거라고 보면 도시화와 쓰레기 문제는 깊은 관련이 있습니다. 그러나 도시화가 진행된다고 해서 그 즉시 어마어마한 쓰레기가 생겼던 것은 아닙니다.

쓰레기가 대량으로 발생하게 된 이유는 뒤에서 자세히 얘기하도록 할게요. 오늘날 넘치는 쓰레기의 종류들을 들여다보고 있자면 차라리

▲ 생태계의 순환을 돕는 울창한 숲. ⓒ 조영권

분뇨는 애교스럽기까지 합니다. 냄새나고 불결하게 느껴질 수는 있으나 결국 분뇨는 자연으로 돌아가는 쓰레기니까요. 숲에 가 본 경험이 있다면 숲에서 동물들의 사체 더미를 본 적이 있나요? 평상시 숲에서 그런 광경은 거의 보기 힘듭니다. 그렇다면 동물들도 자연사든 사고사든 죽을 텐데 왜 그들의 사체 더미가 보이지 않을까요? 해마다 가을이면 나무들은 잎을 떨굽니다. 낙엽은 나무에서 더 이상 필요가 없어져 떨어져 버린 거니 일종의 쓰레기라고 할 수 있겠지요. 그렇게 한 10년만 잎이 떨어지면 숲은 이미 낙엽으로 차고 넘쳐야 하는 것 아닌가요? 그런데 숲에는 언제나 낙엽의 양이 일정합니다. 동물의 사체나 낙엽은 자연 생태계에서 거름이 됩니다. 완전한 순환을 하는 거지요. 문제는 단순히 '쓰레기'가 아니라 '순환하지 못하는 쓰레기'입니다.

'넝마주이'를 아시나요?

20세기 중반, 2차 세계 대전 이후 공장에서 대량 생산으로 물건을 만들어 내기 전까지 세계 곳곳은 여전히 물건이 귀하던 시절이었어요. 물건이 너무나 흔해서 아낀다는 개념 자체가 아예 없을 것만 같은 미국조차 과거에는 "필요 없다면 사지 맙시다. 다 쓰세요. 끝까지 쓰세요" 와 같은 말들이 유행했던 적이 있다고 해요. 18세기에 소비 혁명이라는 말이 등장하긴 했지만 그것은 일부 부유층의 이야기였을 뿐입니다. 적어도 20세기 중반까지(지역에 따라 20세기 후반 혹은 그 이후까지)는 물건이 귀하던 시기였고, 완벽하진 않아도 물건이 폐기되면 다시 생산 원료로 돌아가서 순환을 하던 시절이었습니다.

넝마주이라고 아시나요? 여러분에게는 아주 낯선 낱말일 거예요. 요즘으로 말하면 폐지 줍는 노인들과 비슷한 활동을 했던 사람들입니다. 젊은 사람부터 노인까지 연령층이 다양했다는 게 지금 폐지 줍는 노인들과 다른 점일 겁니다. 제가 어렸을 땐 동네 다리 아래에 넝마주이라 불리는 사람들이 모여 있는 걸 자주 봤어요. 그들은 커다란 바구니를 어깨에 메고 손에 기다란 집게를 들고 종이, 빈 병, 냄비 등 사람들이 버린 쓰레기들을 바구니에 담아 갔어요. 넝마주이의 등장은 1920년대 일제 강점기 때부터였다고 합니다. 넝마주이는 수집한 물건을 고물상에 가져다주고 돈과 교환하면서 살았어요.

우리나라뿐만 아니라 외국에도 이런 넝마주이들은 있었어요. 산업화 초기에 미국에는 넝마 수집상, 양철 수집상들이 있었어요. 거기다 물건까지 파는 행상인도 있었고요. 행상인들이 전국에 걸쳐 돌아다니며 물건을 팔고 또 각 가정에서 나오는 폐기물들 가운데 원료로 쓰일 만한 것들을 새 물건과 맞바꾸는 현물 거래도 했어요.

'행상'이라는 말도 여러분에게 생소할 거예요. 제가 어릴 적에는 부모님 직업 가운데 행상을 하는 친구들도 제법 있었거든요. 행상이란 가게를 두고 고정된 장소에서 물건을 파는 게 아니라 물건을 이고 지고 여러 지역을 떠돌아다니며 장사를 하는 것을 말합니다. 산업화 초기에 물건이 제법 많이 만들어졌으나 유통시킬 인프라가 본격적으로 갖춰지기 전에 행상이 있었던 거지요.

가게만 있다고 저절로 물건을 사고팔 수 있는 건 아니에요. 공장에서 물건을 실어 날라야 하는 유통이 반드시 있어야 하지요. 그래서 유통은 자동차 산업과 연결이 돼요. 자동차 산업이 아직 발달하기 전인 초기 산업 사회에서는 사람이 말 등의 이동 수단을 이용해서 유통을 했습니다. 물건 제조업자들은 행상을 고용하거나 독립 행상인들에게 물건을 납품했어요. 행상인들은 물건을 짊어지고 다니며 팔고 또 공장에서 필요한 물건을 사와 공장에 납품했습니다. 행상인은 물건 유통뿐만 아니라 재활용 시스템까지 작동시켰다고 보면 맞을 듯싶어요.

석유 화학 산업이 발달하기 이전 여러 산업에서는 가정 폐기물을 모아서 원자재로 사용했습니다. 그러니 생산, 유통, 구매, 소비에서 다시 생산으로 연결되었던 닫힌 시스템이었습니다. 당시에 재활용이라는 말은 등장하지 않았지만 중간 수집상들에 의해 재활용 시스템이 작동하고 있다는 걸 알 수 있어요. 집에서 더는 사용할 수 없는 것들이 이들 중간 수집상들의 손을 거쳐 한곳에 모였어요. 그렇게 자원이 다시

▶ 외국의 넝마주이. ⓒ 으젠느 앗제

생산으로 넘어가는 데 이들은 큰 역할을 했지요. '넝마'는 낡고 해진 옷이나 이불 따위를 말합니다. 이런 천들은 그야말로 더는 쓸 수 없는, 말 그대로 넝마 상태였습니다. 아버지가 입던 바지가 낡으면 어린 아들의 바지로 만들고 그것마저 낡으면 멀쩡한 부분만 잘라 기워서 다른 용도로도 사용하다가 더 이상 쓸 수 없는 상태가 되면 넝마가 됩니다. 그런 넝마를 넝마 수집상에게 팔거나 수집상들이 가지고 다니는 여러 새 물건들과 맞바꾸었습니다.

넝마를 모은 이유

다 낡아빠진 넝마는 그렇다면 왜 모았을까요? 당시 넝마는 종이를 만들거나 털실을 짜는 원료로 쓰였습니다. 특히 서양에서는 대마나 아마, 면섬유를 넝마 형태로 수집해서 종이를 만드는 원료로 사용했습니다. 넝마는 가정에서 나오는 생활 쓰레기였기 때문에 이를 수집하고 공급하는 일에 종이 산업계의 성패가 달려 있었어요. 산업 혁명 이후로 기계화가 진전되고 종이 수요가 꾸준히 증가했습니다. 종이 수요가 증가하니 전 세계적으로 넝마 공급이 심각하게 부족해지면서 넝마의 가격도 폭등했어요. 목재 펄프가 등장하기 전까지 전 세계 모든 나라는 원료난에 시달려야 했습니다. 이런 점을 해결하기 위해 서양에서는 일찍부터 목재 섬유를 이용하려는 시도가 있었어요.

두 번째 강의
지혜로운 소비

45

그러다 1840년 독일에서 나무를 짓찧어 만든 펄프로 종이를 만드는 데 성공했고 얼마 지나지 않아 상품화됩니다. 독일이나 미국 모두 삼림이 풍부했으니 목재로 펄프를 만들 생각은 어쩌면 당연한 것 같아 보입니다. 이러한 목재 펄프는 제지 업계에 값싼 원료를 공급해 주었습니다. 숲에 있는 나무를 베어다 짓찧으면 되었으니 더 이상 넝마를 구하느라 고생할 까닭이 사라진 거지요. 목재 펄프로 종이를 만들면서 종잇값이 떨어졌고, 집집마다 폐지가 쌓여 골칫거리가 되기 시작했다고 합니다.

목재 펄프와 넝마, 오늘날 이 둘을 놓고 보면 여러 생각이 듭니다. 과거에 '만약'이라는 가정은 참 무의미한 일이긴 합니다만 여전히 나무가 아닌 넝마로 종이를 만들었다면 어땠을까 하는 아쉬운 마음이 드는 건 어쩔 수 없습니다. 전 세계에서 사라지는 숲의 절반가량을 종이 만드는 데 쓰이고 있으니 아쉬울밖에요. 오늘날 엄청나게 쏟아져 나오는 의류 쓰레기들이 매립되면서 2차로 발생하는 여러 문제들을 생각할 때 넝마가 종이로 순환되던 시절은 아름답기까지 합니다. 또 하나 주목하고 싶은 게 넝마 공급이 부족해지자 온갖 것으로 종이를 만들기 위한 시도가 이루어졌던 부분이에요. 칡, 토탄, 대나무, 면화 줄기, 사탕수수 껍질 등으로 종이를 만들려는 노력이었지요. 과거의 생활 양식에서 좀 더 지속 가능한 방법을 찾아도 좋겠다는 생각이 듭니다.

면이나 마 같은 식물성 섬유는 넝마가 되어 쓸모없어지면 종이의 원료가 되었는데 그렇다면 모직물 같은 동물성 섬유는 어떻게 활용되었을까요? 가정뿐만 아니라 직물 공장에서 나오는 자투리 천까지 모아서 깔개나 발판을 만들거나 매트 속을 채우는 용도로 쓰였습니다. 그렇게도 쓰일 수 없는 실밥 부스러기 같은 모직물 폐섬유들은 썩혀서 비료로 사용했어요. 얼마나 아꼈냐면 먼지도 활용했어요. 옷감을 만드는 공장에서는 먼지가 엄청나게 많이 나옵니다. 그 먼지들을 모아서 비료나 벽지 원료로 썼다고 하니 대단하지 않나요?

수집상들은 뼈다귀도 모았어요. 석유 화학 기술이 아직 발전하지 못하던 19세기에 뼈다귀는 여러 용도로 활용이 되었지요. 뼈다귀로 단추나 손잡이 등을 만들고 끓여서 추출한 지방은 비누를 만들거나 불을 밝히는 용도로 썼어요. 푹푹 끓여 젤라틴을 뽑아서 젤리나, 아교, 유약 등을 만드는 데에도 썼다고 합니다. 뼈는 비료의 원료로도 훌륭했어요. 공장에서 만드는 화학 비료가 아닌 천연 비료는 결국 생태계로 환원된다는 의미이기도 하지요. 당시엔 고기도 귀했을 테고 그러니 귀한 고기에서 나오는 뼈다귀 또한 함부로 버리지 못하고 용도를 찾은 것 같아요.

'그림자 노동'과 쓰레기

오늘날 가장 많은 비중을 차지하는 쓰레기 가운데 하나가 음식물 쓰레기입니다. 과거에는 음식물 쓰레기를 어떻게 처리했을까요? 물자가 귀하던 그 시절에 '과연 음식물이 쓰레기가 되었을까'라는 생각이 듭니다. 왜냐하면 오늘날 음식물 쓰레기는 사실 음식물 찌꺼기와는 좀 다르기 때문이에요. 음식물 쓰레기통을 들여다보면 멀쩡한 음식들이 들어 있는 걸 자주 보게 되거든요. 단지 유통 기한이 지났다는 이유만으로 버리기도 하고요.

예전에는 음식물 찌꺼기를 버리지 않고 집에서 따로 모았어요. 음식물이 쓰레기가 되는 일은 거의 없었습니다. 가축에게 먹여 순환이 되었으니까요. 서양에서는 도시에 사는 사람들도 가축을 길렀답니다. 풀어놓고 키우다 보니 거리에 돼지, 염소, 개 등이 많이 돌아다녔다고 해요. 가축들이 거리에 버려진 음식을 주워 먹기도 했어요. 기름은 따로 기름통에 모아 비누, 양초 등을 만들면서 유용하게 활용했습니다.

제가 어렸을 적에도 마당 한구석에 음식물 찌꺼기를 담는 통이 있었어요. 그 통은 일주일에 한두 번 돼지를 키우는 아저씨가 손수레에 큰 통을 싣고 다니며 집집마다 거둬 갔어요. 그리고 집에 개를 키우는 집도 많았어요. 지금처럼 애완견을 집 안에서 키우며 따로 사료를 사다 먹이는 게 아니라 식구들이 먹다 남긴 것을 개가 먹었지요. 그러니 음식물이 쓰레기라는 건 당시 상상조차 못할 일이었어요.

오늘날 장을 보러 가면 많은 음식 재료들이 다듬어져서 가게에 나옵니다. 또 마트에서는 균일한 크기와 모양의 채소나 과일만을 팝니다. 정해진 기준에 맞지 않는 먹을거리는 소비자에게 오기 전에 이미 쓰레기통에 버려지게 되지요. 그러니 그 과정에서 일차로 음식물 쓰레기가 발생하게 돼요. 또 음식 재료는 그냥 재료로만 구입할 수가 없어요. 랩이라든가, 스티로폼이라든가, 비닐봉지에 담겨 있죠. 이런 포장재들은 우리가 먹기 위해 음식물을 사는 순간 함께 딸려 와 곧장 쓰레기통으로 들어갑니다. 게다가 미리 양이 정해져 포장이 되어 있다는 것도 문제입니다. 원하는 양보다 많게 포장되어 있으면 결국 다 먹지 못하고 버려지는 경우가 생길 수밖에 없어요. 음식을 해 먹기도 전에 이미 쓰레기가 발생하는 구조 속에 있어요.

과거에는 직접 집에서 농사를 지어서 먹었어요. 식품 가게에서는 대

▲ 포장되지 않아 원하는 양만큼 사 가는 샌프란시스코의 과일 가게. ⓒ문도운

개는 포장되어 있지 않는 식품을 팔았어요. 제가 어릴 적에 두부를 사러 갈 때는 그릇을 들고 갔고, 두부 가게 주인은 칼로 두부를 잘라 팔았어요. 콩나물도 콩나물 가게에 가면 원하는 만큼 줬죠. 그러니 상대적으로 필요한 만큼만 사게 되어 음식물이 쓰레기가 되는 경우가 훨씬 적었습니다. 포장재는 기껏해야 마닐라지(목재 펄프에 마닐라삼을 넣어 만든 종이)로 만든 누런 봉투였어요. 비닐이 흔하지 않던 때였으니까요. 음식물 쓰레기는 그것을 치우는 과정에서 수질 오염과 토양 오염도 일으키지만, 농사를 짓는 과정에서부터 화석 연료가 엄청나게 많이 사용되다 보니 음식물을 버리는 일은 곧 화석 연료를 버리는 일이나 마찬가지입니다. 그래서 기후 변화 시대에 음식물 쓰레기를 덜 남기는 일이 탄소를 줄이는 방법과 밀접한 거예요.

음식 준비는 역사적으로 여자들의 몫이었습니다. 여자들이 직업을 갖지 않고 가사에만 종사하던 때에는 가정에서 먹을 것을 직접 생산하고, 만들었지요. 가족의 의식주를 대부분 여자들이 해결했어요. 틈틈이 농사일도 했던 건 말할 필요도 없고요.

오스트리아 출신의 신학자이면서 철학자였던 이반 일리치는 이러한 여자들의 가사 노동을 '그림자 노동'이라고 했어요. 일리치는 인류 역사에서 노동을 세 가지로 나눌 수 있다고 했어요. 첫째는 자급자족 노동으로 자기가 필요한 것을 직접 자기가 만드는 노동을 말해요. 나와 내 식구들이 먹을 것, 입을 것, 신을 것, 심지어는 살 곳까지 만드는 거지요. 둘째는 임금 노동입니다. 남이 필요한 것을 대신 만드는 노동인데 임금을 받아요. 역시 생산품이 있어요. 마지막으로 그림자 노동입니다. 가사 노동, 돌봄 노동 등으로 보수가 없을 뿐만 아니라 눈에 보이는 생산품도 없어요. 그래서 '그림자' 노동이라고 불러요.

여자들(아내나 엄마)이 식구들을 뒷바라지하면서 평생 일을 하지만 그게 돈의 가치로 환산되진 않아요. 어머니가 집에서 가사 노동한다고 월급을 받나요? 바로 그런 노동을 그림자 노동이라고 이반 일리치가 표현한 거였어요.

그림자 노동은 사라지면 엄청난 불편과 혼란, 어마어마한 비용이 발생합니다. 이렇듯 힘든 주부의 일을 덜어 주려는 시도를 기업이 했습니다. 결국 주부의 일이 덜어지긴 했지만 다양한 가전제품의 등장으로 폐가전제품이 엄청나게 쏟아져 나왔고, 에너지는 훨씬 많이 들게 됐고, 돈을 더 많이 벌어 더 좋은 가전제품을 사려는 욕망만 한껏 올라간 것은 아닌가 싶습니다. 만약 가정에서의 그림자 노동을 가족, 특히 남편이 함께 나눠서 했더라면 어땠을까 하는 상상을 해 봅니다.

전통적으로 여자들이 하는 일 중에 옷 만들기가 있었습니다. 혹시 퀼트라고 들어본 적이 있나요? 작은 천 조각을 이리저리 잇대어 바느질을 해서 옷도 만들고 이불도 만들고 여러 가지 장식품도 만드는 공예의 한 종류예요. 저는 한때 퀼트에 푹 빠졌던 적이 있어요. 그런데 어느 순간 '아, 이게 아닌데.' 하는 반성과 함께 그만뒀습니다. 왜 그랬는지 잠깐 얘기해 볼게요. 퀼트는 조각난 천을 붙여서 뭔가를 만드는 건데 우리 집에는 작은 천 조각은커녕 천 자체가 없어요. 왜냐하면 옷감이 필요했던 적이 없었으니까요. 옷감이란 옷을 짓기 위해 필요한 천입니다. 그런데 요새 누가 집에서 옷을 만들어 입나요? 취미로 옷을 만드는 사람들은 있지만 그런 사람들도 취미일 뿐 대부분의 사람들은 옷을 옷가게에서 삽니다. 하지만 사이즈별로 기성품이 나오기 전에는 옷감을 끊어다가 의상실에 가져다주고 자기 체형에 맞게 옷을 맞추어 입었어요. 그 이전에는 집에서 옷감을 사다가 여자들이 옷을 만들어 식구들을 입혔던 때가 있었지요. 더 거슬러 올라가면 옷감을 만드는 일도 집에서 했어요.

'길쌈'이라고 들어 보았나요? 옷감 짜는 걸 이르던 말이에요. 누에를 기르고 삼을 키워 실을 뽑고 옷감을 짜는 전 과정이 집안에서 이루어지던 시절이 있었습니다. 그런 시절이니 천 조각 하나도 얼마나 귀했을까요?

퀼트라는 취미 생활을 하려면 먼저 조각난 천이 필요한데 어떻게 할까요? 멀쩡한 천을 사서는 필요한 모양으로 자른 다음 다시 바느질로 이어 붙여 뭔가를 완성합니다. 적어도 두 가지 관점에서 이 문제를 볼 수 있을 것 같아요. 취미 생활이라는 관점에서 보면 그럴 수 있다고 이해가 됩니다. 예술가들이 하는 행위로 격상시키면 천 조각으로 자신의 느낌을 표현한 거라 볼 수 있겠지요. 이걸 환경, 생태적 관점에서 본다면 비효율적이고 낭비라는 생각이 들 수도 있어요. 멀쩡한 천을 왜 조각조각 잘라서 다시 이어 붙이느냐고 말이지요. 사람들의 생각과 입장은 이렇듯 다양합니다. 그런데 자투리 천을 활용하려던 본래의 취지에 충실했다면 어땠을까 하는 생각을 해 봅니다. 그랬다면 자투리 천에서 뭔가 필요한 물건이 생기니 효율이 높다고 볼 수 있겠지요. 작은 조각 천을 모아서 그걸 잇대어 이불을 만든다면 버려질 뻔한 조각 천을 재활용했다는 점에서 훌륭합니다.

퀼트를 하느라 멀쩡한 천을 잘라 조각 천을 만들다가 우리는 왜 옷을 사 입게 되었을까를 생각해 보았어요. 이 생각은 꼬리를 물고 우리의 의식주 가운데 우리 스스로 해결할 줄 아는 게 뭘까 하는 생각으로 이어졌지요. 우리가 먹는 밥이며 반찬들 가운데 우리 스스로 생산하는 게 있던가요?

최근 서울을 비롯한 도시에서도 텃밭이 유행하게 되었어요. 도시 텃밭을 하는 가정에서는 채소 정도는 봄부터 가을까지 수확이 일부 가능할 거예요. 그런데 주식인 쌀은요? 농사를 짓는 극히 일부를 제외하고는 자급자족하는 일이 불가능하겠지요. 살고 있는 집은 또 어떤가요? 집은 꽤 오래전부터 기술을 가진 사람들만 짓는 줄 알았어요. 그런데 제 아버지께서는 아버지가 어릴 적부터 줄곧 사시던, 그러니까 제겐 할머니 댁이던 집을 어른들과 함께 지었다고 하셨어요. 그때가 1950년 대인데 아버지는 초등학생이었지만 어른들이 집을 짓는데 함께 도왔다고 하시더라고요. 사랑채가 별도로 있고 대청마루에다 방이 여섯 칸이나 있는 꽤 큰 집이었는데 그걸 식구들이 지었다는 게 믿기지가 않았어요. 생각해 보니 제가 초등학교 2학년 때도 아버지는 기술이 없었지만 주변에 집 짓는 기술을 가진 분들이 계셔서 도움을 받아 집을 짓는 걸 본 기억이 있어요. 그 시절에는 집을 스스로 짓거나 주변에 기술 있는 사람들의 도움을 받아서 짓고 살았어요.

1970년대 중반을 넘어서며 부동산 개발 바람과 함께 콘크리트를 이용해서 대규모로 짓는 아파트가 유행이 되었지요. 이때부터 집은 스스로 짓는 게 아니라 돈을 지불하고 사는 것이라는 인식이 자리를 잡게 되었어요. 집에다 사람을 맞추기 시작한 거지요. 기성복이 나오면서 옷에다 사람 몸을 맞추기 시작했듯이 말이지요. 잠깐 딴 얘기를 하자면 이런 현상이 뒤에 와서는 다이어트 열풍과도 관계가 있는 게 아닌가 싶어요. 점점 작은 사이즈의 옷이 나오고 옷에 몸을 맞춘 결과가 다이어트 열풍이 아닐까 싶거든요.

▲ 1979년 한강 주변 아파트 단지. ⓒ 영상 역사관

결국 의식주 가운데 그 무엇도 내 손으로 할 수 있는 게 없어지면서 모든 것에 돈의 힘이 작동되기 시작했습니다. 이런 현상은 도시화와 밀접하게 연결이 됩니다. 개발이 가져다주는 발전과 성장을 좇는 사람들은 도시로 몰려들었습니다. 땅을 갖고 있지 못한 사람들도 먹고살기 위해 인구가 유입되는 도시로 몰려갈 수밖에 없었고요. 도시로 사람들이 몰려오면서 부족해진 공간을 효율적으로 활용하고자 고층 건물이 올라갔습니다. 도시화가 급격히 진행되면서 주거 환경이 바뀌었고 도시에서 농사를 짓는 이들이 사라지니 식생활 대부분은 외부 공급에 의존하게 되었습니다. 시간을 들여 옷을 짓느니 나가서 돈을 벌면 언제든 좋은 옷을 사 입을 수 있는 세상이 돼 버렸지요. 도시화로 공동 주택에 모여 살면서 물건을 모아 둘 장소가 부족해지니 내다 버리는 일이 늘기 시작했어요. 그러니 고쳐서 쓴다는 게 번거로운 일로 바뀌게 된 거지요. 그 번거로운 걸 해결해 준 것이 돈이었습니다.

내가 농사지어서 마련한 쌀이라면 단 한 톨도 귀하고, 내가 지어 입은 옷이라면 떨어지거나 해진 곳은 덧대고 수선해서라도 오래도록 입고 싶을 거예요. 돈을 주고 산 물건이라면 그 물건에 대한 애정보다는 돈을 더 벌어야 한다는 생각이 먼저 들지 않을까요? 필요에 의한 소비가 아닌 소비를 위한 소비로 넘어가게 된 것은 우리 손으로 물건을 만들던 시절에서 공장이나 자본이 그것을 대신해 주는 시절로 넘어가는 무렵부터였던 것 같습니다.

소비를 위한 소비를 하면서 사람들은 점점 더 소비에 관심을 갖게 됐습니다. 소비하고 버려진 것들에 대해서, 그것들이 어디로 어떻게 흘러가는지에 대해서는 관심을 가질 필요가 없어진 거지요. 쓰레기 문제가 인류의 무대에 본격적으로 등장한 것은 바로 이즈음이었을 겁니다. 쓰레기라고 하는 것은 고정된 범주가 있는 게 아니에요. 어제까지 쓰다가도 오늘 버리면 그 순간 그건 쓰레기가 되잖아요. 그럴 때 재활용 혹은 재사용한 것은 쓰레기인가요, 아닌가요? 작아져 더 이상 입을 수 없는 스웨터를 버리려고 내놨는데 친구가 와서 가져갑니다. 그 친구가 스웨터를 풀어서 목도리를 만들었어요. 그럼 그 목도리는 쓰레기인가요, 아닌가요? 재활용품을 가리켜 쓰레기라고 부르진 않습니다. 오래되어 낡은 골동품을 쓰레기라고 부르지 않을 뿐만 아니라 오히려 보물이 되기도 합니다. 그러니 같은 물건이라도 쓰레기일 수도 아닐 수도 있는 거지요.

알아두기

브리콜뢰르(bricoleur)
인류학자 레비스트로스가 그의 책 『야생의 사고』에서 정립한 개념이다. 사전적으로 '손재주꾼'을 뜻하는 브리콜뢰르는 잡동사니를 재료 삼아 수작업으로 물건을 만드는 사람을 일컫는다. 브리콜뢰르는 쓰레기가 넘쳐 나는 시대에 쓰레기로 새롭게 가치를 창조하는 사람이다.

물건에서 자유로워지기

여러분은 어떤 걸 더럽다고 생각하나요? 인류학자 메리 더글러스는 더럽다는 의미를 '제자리에서 벗어난' 것이라 설명했습니다. 가령 신발은 그 자체로는 더러운 게 아니라 식탁에 올라와 있을 때 더러운 게 된다는 거지요. 생각해 보면 그렇죠? 김칫국물은 얼마나 시원하고 맛있나요? 그런데 그게 하얀 셔츠에 튀면 졸지에 지저분한 것이 돼 버립니다. 고춧가루는 모든 음식에 필수인데 그게 이빨 사이에 꼈을 땐 더럽다고 생각되는 거와 같은 이치겠지요. 사람들은 불결한 것을 깨끗한 것에서 분리하면서 질서를 마련하고 범주를 나눕니다. 더러운 것을 없애는 적극적인 과정이 '분류해서 버리는 것'이지요. 분류한다는 것은 공간 개념과 관련이 있어요. 여러분 집을 한번 생각해 보세요. 집안에는 온갖 물건들이 있어요. 정말 온갖 물건들이 집안 곳곳에 펼쳐져 있지요. 그런데 유독 쓰레기만은 한곳에 모아 둡니다. 우리가 쓰레기통이라 부르는 곳에 말이지요. 또한 쓰레기통이 흘러넘치도록 집 안에 두는 가정은 아마도 거의 없을 거예요. 집안에 더러운 것을 두는 것은 집 전체가 더러워진다고 생각해서 모인 쓰레기들은 정기적으로 집 밖으로 버립니다.

사실 집안을 둘러보면 일상생활에서 쓰는 물건은 그리 많지 않아요. 오히려 없어도 살아가는 데 전혀 지장이 없는 물건이 훨씬 많아요. 우리는 물건을 이고 살고 있다고 생각하지 않나요? 어쩌면 집에서 물건이 주인이고 우리는 잠시 그 사이에 끼어서 밥 먹고 자고 아주 잠시 쉬다 나오는 것이 아닐까 싶기도 해요.

요새 미니멀리즘(단순하고 간결한 것을 추구함)이 일본에서부터 옮겨 와 우리나라에도 유행하고 있지요. 제가 미니멀리스트들의 생활을 들여다보며 느낀 공통점은 함부로 물건을 집으로 들이지 않는다는 겁니다. 미니멀리스트들의 집안에는 최소한의 물건 말고는 없거든요. 그 최소한의 원칙을 지키려 한다면 물건을 구입하는 일에 신중할 수밖에 없겠더라고요. 우리가 일상생활을 하면서 꼭 필요한 물건이 얼마나 되는가는 미니멀리스트가 사는 집이 알려 줍니다. 그릇부터 옷이며 이불, 신발에 이르기까지 정말 최소한의 개수만 필요하더라고요.

각자 처한 환경이나 문화, 생활 양식에 따라 쓸 물건과 쓰레기를 분류하는 기준이 다릅니다. 우리는 당장 쓰지 않는 물건이라 해도 버리기에는 좀 애매한 물건들은 일단 어딘가에 둡니다. 서랍, 붙박이장 등에 잘 넣어 놓습니다. 과거에는 광이나 다락, 지하실, 창고, 바깥채 등의 어정쩡한 공간이 이런 물건들을 보관하는 역할을 했어요. 이런 곳에 두었다가 나중에 다시 쓰거나 누구에게 주거나 팔거나 결국 버려지게 됩니다. 이럴 때 공간은 매우 중요합니다. 일단 집 밖으로 나온 것은 공적인 공간으로의 이동이고 이럴 경우 공적인 공간에 놓인 물건은 더 이상 원래 주인의 사적 소유물이 아닙니다. 즉 버려진 쓰레기는 공적인 문제가 되는 거지요. 쓰레기 문제가 오늘날 사회 문제로 확대가 될 수밖에 없는 이유가 바로 여기 있습니다.

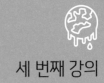

세 번째 강의

순환이 사라진 지구

여러분은 어느 영화배우를 좋아하나요? 저는 리어나도 디캐프리오와 엠마 왓슨을 좋아해요. 디캐프리오는 아카데미 남우주연상을 받은 직후 수상 소감을 말하는 자리에서 기후 변화 문제를 언급했어요. 그가 출연한 영화 〈레버넌트〉는 역사상 가장 더웠던 해에 촬영했다고 해요. 덕분에 눈이 있는 곳을 찾느라 남쪽 끝으로 내려가야 했대요. 눈을 구경하는 일이 그만큼 힘들어졌다는 얘기지요. 그는 기후 변화의 중요성과 인류의 화합을 강조하는 연설로 큰 박수를 받았어요. 디캐프리오는 지금도 꾸준히 환경 문제에 관심을 갖고 활동하고 있답니다.

엠마 왓슨은 여러분도 잘 알다시피 영화 〈해리 포터〉 시리즈에서 헤르미온느로 열연했던 배우입니다. 〈미녀와 야수〉에서 주인공 벨 역을 멋지게 해내기도 했지요. 왓슨은 배우로서뿐만 아니라 페미니스트로서도 유명합니다. 2014년에는 최연소 유엔 여성 친선 대사로 임명됐으며, 양성평등 캠페인인 '히포쉬(HeForShe)' 홍보 대사로도 활동했어요. 최근에는 트럼프 대통령의 성차별 발언과 정책에 항의하는 시위에 참가하기도 했습니다.

엠마 왓슨이 친환경 옷을 입는 이유

제가 왓슨을 특히 좋아하는 것은 디캐프리오와 마찬가지로 왓슨 역시 환경에 큰 관심을 갖고 있기 때문이에요. 왓슨이 공식 석상에 입고 나오는 것은 모두 친환경 옷입니다. 왓슨이 이렇게 하게 된 계기는 방글라데시의 한 의류 공장을 방문했던 경험 때문이었습니다. 힘든 노동에 시달리는 자기 또래의 아이들을 만나면서 인생에 전환점을 맞이하게 된 거죠. 사람은 누구나 인생을 살면서 이렇듯 극적인 전환점을 맞이할 때가 있는 것 같아요. 그 후로 왓슨은 인권, 환경 등의 분야에서 적극적인 사회 참여를 합니다. 모든 공식 석상에서는 천연 섬유나 재생 섬유로 만든 친환경 의류를 입는 것으로 환경 메시지를 전하게 된 겁니다.

아카데미 시상식을 본 적이 있다면 아마 붉은 카펫을 기억할 거예요. 유명 스타들은 화려한 옷을 입고 그 카펫을 밟으며 시상식장으로 들어갑니다. 그런데 왓슨은 친환경 의상을 입는 것으로 조용한 저항을 표현했습니다. 레드 카펫에 친환경 의상을 입고 등장하는 것을 '그린 카펫 챌린지(green carpet challenge)'라고 합니다.

방글라데시에서 2013년 4월 24일에 대참사가 발생했습니다. 방글라데시 수도 다카에 있는 라나플라자 피복 공장이 무너지며 1133명이 사망하고 2500여 명이 부상당하는 사건이었지요. 특히나 충격적이었던 것은 사망자 대부분이 시급 260원을 받고 일하던 어린 소녀와 여성들이었다는 겁니다. 붕괴 원인은 안전 진단을 무시한 불법 증축과 무리한 조업이었어요. 열악한 환경에서 납품 기한을 맞추려 무리한 조업을 하던 중에 붕괴 사고가 발생한 겁니다. 우리나라의 삼풍백화점 붕괴 사고보다 훨씬 규모가 큰 참사였어요. 라나플라자는 '패스트 패션'을 생산하던 곳으로 열악한 환경에서 빠른 시간 안에 많은 옷을 생산하던 공장이었습니다. 이 사고를 계기로 패스트 패션에 대한 반성이 일기 시작했습니다.

패스트 패션은 가격을 싸게 하는 대신 스타일을 자주 바꿔 소비를 부추기는 기업 전략을 말해요. 여러분도 인터넷 쇼핑몰에서 옷을 사 본 적 있지요? 인터넷 쇼핑몰에 가면 싼 가격의 옷이 넘치도록 많아요. 아무리 생각해도 정말 터무니없게 싸다 싶은 옷들도 있고, 세일도 자주 해요. 옷값이 싸니까 여러 벌을 살 수 있어서 좋아요. 그런데 싼 옷은 어째서 가격이 싼지 혹시 알고 있나요? 물건 값이 싼 이유는 둘 중 하나입니다. 원료가 싸거나 물건을 만드는 인건비가 싸거나 적어도 둘 중 하나는 충족되어야 가능합니다. 그리고 그렇게 싸게 싼 옷을 오래 입나요? 유행이 바뀌면 그 옷은 버려지고 또 다른 유행에 따라 다른 옷

▲ 패션 쇼.

을 구매하게 됩니다.

　의류 업계는 유행을 빠르게 이끌어 나갑니다. 그래야 계속 구매가 이어지니까요. 그리고 그렇게 유행이 빠르게 변화하는데 대중들이 그에 맞춰 가려면 소비가 가능한 가격이 매겨져야겠지요. 이런 구조는 저렴한 옷을 생산하기 위해 노동자들에게 돌아갈 몫을 최소화하게 됩니다. 그리고 그 결과 아주 쉽게, 아주 빨리, 그리고 아주 많은 쓰레기를 남깁니다. 의류에서 나오는 쓰레기 양이 얼마나 많은지 여러분 알고 있나요? 패스트 패션의 화려한 겉모습과 달리 그 이면은 어둡고 참혹하기 이를 데 없습니다.

패스트 패션족은 보통 1년에 약 78벌의 옷을 산다고 합니다. 그만큼 버려지는 옷도 많을 수밖에 없어요. 저렴한 가격에 유행을 즐길 수 있으니 소비자가 좋고, 매출을 올릴 수 있으니 패스트 패션 업체들도 좋겠죠. 그런데 노동 착취에 시달리는 의류 노동자들 입장에서는 어떨까요? 거기다 환경에 주는 막대한 피해는 또 어떡할까요? 의류가 환경에 끼치는 피해는 비단 의류 폐기물만의 문제가 아닙니다. 이 문제는 뒤에서 좀 더 얘기할 겁니다. 제가 여기서 하고 싶은 얘기는 우리 삶과 쓰레기 사이에는 어떤 관계가 있는지, 그리고 왜 쓰레기가 이토록 많아지게 되었는지에 관한 것입니다. 쓰레기 문제를 하나씩 알아가다 보면 개개인의 문제라기보다는 훨씬 크고 복잡한 사회 구조에서 시작된다는 걸 발견하게 될 거예요.

　패스트 패션은 오늘날 물건이 대량으로 만들어지고 빨리 소비되고 버려지는 패러다임을 단적으로 보여 주는 하나의 예라고 할 수 있어요. 이러한 패러다임이 쓰레기를 대량으로 양산하는 결과를 가져왔어요. 만약 우리가 유행을 좇아가며 사 입던 옷을 폐기했을 때 그 옷 쓰레기가 눈앞에 보인다면 어떨까요? 그런데도 계속 옷을 살까요? 그러긴 쉽지 않을 것 같아요. 그런데 버려진 의류 쓰레기는 곧장 치워져 어디론가 갑니다. 어디로 가서 어떻게 되는지도 모르고 궁금해하지도 않아요.

　산업이 발달하고 사람 손으로 하던 수공업이 공장제 기계 공업으로 바뀌면서 가정에서 수거되는 폐품들이 폐품 거래 시장에서 더 이상 중요하지 않게 되었어요. 왜냐하면 옷이 공장에서 기성품으로 생산되면서부터는 넝마 거래 업체들이 가정에서 넝마를 수거해 가는 대신 공장에서 나오는 자투리 천을 직접 받아다 쓰기 시작했기 때문이에요. 물량 면에서 공장이 훨씬 많아지게 되었으니까요. 이렇게 되니 가정에서 직접 폐품을 수거해 재활용하던 시스템이 삐걱거리기 시작했어요. 폐기물 거래는 점차 기업에서 하게 되었고요.

미국의 경우 19세기 말부터 대량 생산과 대량 유통 시스템이 갖춰집니다. 이는 넝마 수집상이 가정에서 나오는 폐기물을 모아 제조업체에 되돌려 주고 그것을 원료로 새롭게 제품을 만드는 시스템에 균열을 가져옵니다. 공장에서 만든 제품이 소비자에게 가 닿고 다 쓴 물건은 소비자에게서 공장으로 되돌아오는 순환, 이렇게 쌍방향으로 움직이던 시스템이 붕괴되기에 이른 겁니다. 폐기가 생산과 소비의 사이클에서 따로 떨어져 나오게 되었어요. 그러면서 어떤 문제가 생겼을까요?

생산자인 기업이 관심을 갖는 것은 생산만이 아닙니다. 생산해 낸 물건을 팔아야 하니 유통과 소비를 함께 생각하게 되었습니다. 소비를 부추기도록 기업들이 생각해 낸 것 가운데 하나가 '포장'입니다. 포장은 유통에도 편리합니다. 20세기 초에 기업은 대량 생산된 제품을 개별 포장해서 판매하기 시작합니다. 그전에는 큰 통이나 광주리에 담아 놓고 팔았거든요. 그리고 포장 겉면에는 자사 제품을 홍보하는 글이 실리기 시작했고요. 소비를 촉진하기 위해 광고의 역할이 중요해지기 시작했습니다.

오늘날 이토록 많은 쓰레기가 나오게 된 주요 원인으로 저는 포장재와 광고를 꼽고 싶습니다. 두 가지는 서로 함께하기도 하고 따로 작동하기도 하지요. 오늘날 광고는 소비를 촉진하는 주요한 수단입니다. 그래서 광고를 '자본주의의 꽃'이라고 표현하기도 하지요. 제가 주목하고 싶은 것은 포장입니다. 포장재는 제품이 소비자에게 가 닿는 순간 곧장 쓰레기가 됩니다.

알아두기

아무것도 사지 않는 날(buy nothing day)
말 그대로 소비를 멈추는 날로 통상 11월 말쯤에 정해진다. 소비를 줄이고 환경 오염을 막자는 취지로 1992년 캐나다에서 광고 일을 하던 테드 데이브의 제안으로 시작되었다. 이날은 추수 감사절로 시작해서 크리스마스 시즌으로 이어지는 북미 최대 소비 시즌 한가운데에 있다.

포장재와 쓰레기

제 경험을 잠깐 얘기할게요. 설 연휴가 끝나고 제가 사는 아파트에서 재활용품을 분리배출하는 날이었어요. 박스 등 선물 포장재로 쓰였던 것들이 산을 이루었더군요. 그토록 엄청난 양은 해마다 명절이 지나고 한 차례씩 볼거리를 제공합니다. 박스들 대부분은 찌그러진 곳 없이 멀쩡해 보였어요. 고급스럽고 두꺼운 종이로 만들어진 박스들도 제법 눈에 띄었고요. 선물만 빼고 고스란히 버려진 그 광경을 보면서 밤톨만 빼 간 밤송이 같다는 생각을 했습니다. 그리고는 밤송이에 비유했던 생각을 얼른 취소했어요. 밤송이와 선물 포장용 박스는 애당초 격이 다르다는 데 생각이 이르렀기 때문이지요. 밤송이는 그야말로 햇빛과 물과 이산화탄소와 땅속의 양분으로만 만들어진 것이잖아요. 비록 알맹이는 털렸지만 땅바닥에 남겨진 겉껍질은 가을이 지나고 눈에 덮여 겨울을 맞고 따스한 봄, 여름을 차례차례 맞이하며 몇 해가 흐르면 흔적도 없이 다시 자연으로 돌아갈 겁니다. 그리고는 또 다른 밤송이를 키우겠지요. 자연에서 나왔다가 자연으로 돌아가는 온전한 순환을 하는 밤송이인 것이지요. 그렇지만 선물 포장용 박스는 온전한 순환이 가능할까요?

얼마 전 제가 받은 어떤 선물도 포장이 정말 근사했어요. 예쁜 리본으로 장식한 데다 포장지는 고상한 무늬가 인쇄된 얇으면서도 잘 찢어지지 않고 반들거리는 고급 종이였거든요. 이런 선물을 받으면 포장을 푸는 데 망설여지게 됩니다. 내용물이 궁금하지 않은 건 아니지만 포장을 풀자마자 포장재가 곧장 쓰레기가 되니 마음속이 복잡해지는 거죠. 포장재가 아까워 버리지 못하고 다음에 써야지, 하는 마음으로 모아 둡니다. 리본과 종이는 뭔가를 묶거나 누군가에게 선물할 때 포장으로 다시 쓰기도 해요. 그래서 마음의 짐을 조금 덜지만 지구 전체로 볼 때 이건 사실 "눈 가리고 아웅" 하는 꼴이라고 생각해요. 종이는 재활용하면 되지 않냐고 반문할 수도 있겠지요. '재활용'이라는 것이 소비에 대한 불편한 마음을 어느 정도 줄여 준 측면이 있는 것도 엄연한 사실입니다. 하지만 재활용을 영원히 되풀이할 수는 없는 노릇입니다.

재활용하려고 폐지를 수집하고 운반하고 새롭게 재생지로 만드는 과정에도 에너지는 꾸준히 쓰이죠.

소비에는 다양한 종류가 있어요. 생존을 위한 소비도 있고 오직 소비만이 목적인 그래서 애당초 없던 필요를 만들어 하는 소비도 있고, 자신이 지닌 부를 과시할 목적으로 행하는 소비도 있어요. 포장이 물건을 보호하거나 예의를 지키려는 목적도 있겠지만 체면 혹은 권위를 내세우고 과장하려는 욕망이 반영된 경우도 많습니다. 이에 덧붙여 광고 효과로 소비를 부추기려는 의도까지 포함되어 있습니다.

소비는 생산을 전제로 하는데 소비자에게 와 닿기도 전에 폐기되는

▲ 서울 도심의 쓰레기 무단 투기 현장. ⓒ 김일웅

양이 엄청납니다. 소비할 물건의 원료를 캐고 정제하고 운반하는 과정에서 버려지는 것들에 대해 우리가 알고 있는 것은 별로 없어요. 그러나 우리가 모른다고 폐기물이 발생하지 않는 것은 아닙니다. 대략 1킬로그램의 물건을 만드느라 버려지는 쓰레기가 40킬로그램 정도가 된다고 합니다.

"만일 당신이 시인이라면 이 한 장의 종이 안에서 구름이 흐른다는 것을 분명히 볼 것입니다. 구름이 없다면 비는 내릴 수 없고, 비가 내리지 않는다면 나무는 자랄 수 없습니다. 그리고 나무가 자라지 않는다면 종이를 얻을 수 없습니다. 종이가 존재하기 위해서는 구름이 필수입니다. 만일 구름이 이곳에 없다면 종이도 여기에 있을 수 없습니다. 그러므로 구름과 종이는 서로 공존한다고 말할 수 있습니다."

틱낫한 스님이 풀어쓴 반야심경입니다. 이 구절들을 읽으며 아주 짧은 순간이지만 선물 포장으로 쓰고 내다 버린 숲과 구름과 비를 생각합니다. 공존을 위해 우리 모두는 시인이 되어야 할까요? 생산과 소비와 폐기가 한 사이클로 돌아갈 적에는 소비를 하는 것과 동시에 폐기 문제를 함께 생각했어요. 그런데 이젠 폐기를 더 이상 생각할 필요가 없어졌어요. 그렇다면 폐기를 고려하는 건 어디일까요? 기업입니다. 앞서 기업이 폐기물을 수거하기 시작했다고 했지요? 소비자는 오직 소비만을 생각하도록 시스템에 변화가 오게 된 겁니다. 대량 생산과 발맞추어 대량 소비의 시대가 열린 거지요.

식민지 개척 시대의 그늘

물건을 많이 만들려면 그만큼 원료가 많이 필요합니다. 원료가 제때 잘 공급되어야 생산이 원활하게 이루어질 테니까요. 앞서 종이를 만드는 원료의 변천을 잠깐 살펴봤듯이 일일이 넝마를 수집하기보다 숲에 있는 나무를 베어다가 목재 펄프를 만들면 훨씬 빨리, 그리고 훨씬 많은 종이를 만들 수 있어요.

산업이 일찍 발달한 나라들은 원료를 구하기 위해 세계로 진출했어요. 이는 식민지 건설과 연결이 되는데요. 애당초 영토 확장과 이주가 목적이었던 식민지가 나중에는 착취를 위한 땅으로 바뀌는 '슬픈' 역사가 시작되던 15세기 말로 거슬러 올라갑니다. 포르투갈과 에스파냐의 전성시대를 거쳐 네덜란드, 영국, 프랑스로 식민지 시대를 장악하는 나라의 구도가 바뀝니다. 이 나라들은 동인도회사를 설립해서 무역과 항해의 독점권을 갖고 식민지 획득에 나서지요. 17~18세기까지 무역 독점과 식민지 쟁탈을 둘러싸고 제국주의 국가 간 혈전이 벌어집니다. 그러다 최후의 한 나라가 남는데 바로 영국입니다. 영국은 네덜란드와 프랑스의 식민지를 빼앗으며 방대한 식민 제국을 건설해요. 그래서 영국을 "해가 지지 않는 나라"라고 불렀답니다.

강대국이 약소국을 침략해서 정치, 경제, 군사 등 다방면으로 지배하려는 게 바로 제국주의입니다. 제국주의 등장에는 산업의 발달로 원료를 얻으려는 목적이 중요한 원인이 됩니다. 산업 발달은 앞서 설명했듯이 풍부한 원료와 생산한 제품을 팔 시장을 필요로 합니다.

이 무렵 영국의 공산품이 식민지로 들어가 식민지의 고유한 수공업을 말살시킵니다. 영국이 여러 식민지 중 하나였던 인도에서 자행했던 일들은 이미 유명하지요. 영국이 자국에는 관세를 적용해서 인도산 면직물의 수입을 금지하면서 식민지인 인도에서는 관세 장벽을 없애 영국산 면직물의 수입을 허용했어요. 산업 혁명으로 생산이 활발해지면서 가격 경쟁력을 갖게 된 영국산 면직물이 인도 시장으로 쏟아져 들어왔지요. 인도 사회는 어떻게 되었을까요? 수백만 명의 방직 공장 노동자들이 일자리를 잃습니다. 그 대가로 영국은 막대한 이익을 챙겼어요. 이런 부당함에 맞서 간디를 중심으로 인도인들은 비폭력 무저항 운동을 벌였지요. 영국산 면직물 대신 물레를 돌려 직접 옷감을 만들고, 바닷물을 말려 소금을 만들며 자급자족을 하자는 거였어요.

우리 선조들이 일제 강점기에 국채 보상 운동을 벌인 것도 결국 자주권을 되찾으려는 노력의 일환이었지요. 식민지 국가에서 국민들이 벌인 운동이란 점에서는 비슷합니다. 영국이 산업 자본을 중심으로 하는 자유 무역을 추진하고 실현해 나가는 과정에서 세계 경제는 선진 공업국과 이에 종속되는 후진국으로 재편되어 갔습니다. 후진국들은 선진 공업국에 원료를 공급하고 그들이 생산한 공산품을 수입했어요. 원료는 수탈당하고 제품을 사 주는 시장이 돼 버린 셈이지요. 이렇게 국제적인 분업화로 후진국은 더욱 종속적인 위치에 놓이게 되었습니다.

우리는 왜 명품 가방에 매혹되는가

패스트 패션을 얘기하다가 자본주의까지 와 버렸네요. 자본주의가 탄생시킨 게 패스트 패션이기도 하니까요. 선진 공업국의 기업은 대량 생산을 위해 원료 확보에 나서게 되고 많이 만든 공산품을 시장에 내다 팔아야 합니다. 나라 바깥에도 식민지라는 시장이 있으니 물건을 만들기만 하면 파는 일은 쉬웠을까요? 그런데 오랜 시간 동안 물건 귀한 것을 경험적으로 익힌 사람들에게 절약하고 아끼는 검소한 생활 습관은 몸에 배어 있었지요. 기업 입장에서 보면 이러한 생활 양식은 큰 걸림돌이 됩니다. 대량으로 물건을 생산하니까 그에 걸맞게 소비가 되어야 하는데 장애물이 되었던 거지요. 이 문제를 해결할 가장 좋은 방법은 소비를 촉진시키는 것입니다.

미국이 가장 먼저 대량 생산 체제로 뛰어들었기 때문에 이 책에 실린 사례의 대부분은 미국의 경우임을 밝혀둡니다. 소비를 부추기기 위해 기업들은 어떤 생각을 주입시키게 됩니다. 바로, 위생과 청결 그리고 합리성입니다. 낡고 오래된 것은 지저분하다는 인식을 사람들에게 심습니다. 오래도록 사용해서 낡은 것은 지저분하므로 어서 버리고 새로 사라는 거지요. 비위생적인 것은 건강을 위협하는 것이므로 비경제적이고 불합리하다는 인식을 퍼뜨립니다. 헌 것을 고쳐 재사용하는 것은 가난해 보이거나 부끄러운 일로 여겨질 수도 있다고 경고하는 분위기를 형성해 갑니다.

처음엔 기업이 직접 나설 방법이 없었기 때문에 인쇄 매체 등을 통해서 이런 생각들을 전파하기 시작했어요. 세상 모든 것이 다 쓰임새가 있다던 과거의 절약 습관을 바꾸기 위해 세상의 모든 것은 때가 되면 쓰임새를 잃는다고 살짝 변형된 메시지들을 퍼트리기 시작한 겁니다. 낡은 옷을 기워 입어야 한다는 윤리적인 면을 강조하면서도 동시에 낡은 옷을 수선하는 데 너무 많은 시간을 쓰지 말아야 한다고도 했어요. 헌 옷을 수선해서 입을 때는 과연 그만한 가치가 있는지를 먼저 판단하라는 메시지들도 있었고요. 그렇다고 사람들이 하루아침에 근검절약하던 습관을 버린 건 아니었어요. 처음엔 주로 부유층을 중심으로 소비가 조금씩 늘기 시작했어요. 그런데 이런 유행은 점차 모든 사람들 사이에 퍼지기 마련이지요.

아르바이트를 몇 달씩 해서 모은 돈으로 명품 가방을 사는 젊은이들이 있다는 기사를 읽은 적이 있어요. 명품 하면 부유함의 상징 혹은 아무나 가질 수 없는 특별한 무엇이라 여겨지곤 하지요. 내 처지와 상관없이 그런 물건을 갖게 되면 갑자기 뭔가가 달라질 것만 같은 그런 욕망이 명품 구매를 부추기기도 합니다. 명품의 가치가 곧 내 가치를 드높일 거라고 착각하는 데서 오는 과시적 소비의 한 사례라 할 만하지요.

　제가 고등학생이던 시절, 우리 반에서 가장 부유한 집 아이가 있었는데 어느 날 그 아이 도시락에서 랩과 포일을 처음 보았어요. 국물이 한 방울도 흐르지 않았더라고요. 정말 신기했지요. 그땐 도시락 반찬 국물이 흐르는 게 큰 골칫거리였거든요. 부럽기도 했고 국물을 흘리지 않는 도시락을 가지고 다닌다면 왠지 부잣집 아이일 것 같은 생각이 들었어요. 그래서 집에 가서 어머니께 그걸 설명했어요. 설명을 어떻게 했는지는 기억나지 않는데 얼마 후 어머니께서 랩을 사오셨지요. 그렇게 친구 한 명에서 시작된 랩은 반 아이들에게 퍼져 가기 시작했어요. 물론 랩이 사치품은 아니에요. 단지 김칫국물이 새는 걸 막아 주는 물건이니 여학생들 사이에서 특히나 인기가 많았겠지요.

　당시엔 랩이 환경에 문제가 될 거라는 생각 자체가 없던 때였어요. 만약 그때 환경과 생태에 대해 눈이 뜨였다면 그렇게 쉽게 랩이나 포일을 사용했을까 하는 생각이 들어 안타깝더라고요. 다만 새롭다는 사실, 신기하다는 그런 생각에 소비하는 일을 주저하지 않았던 것 같아요. 이런 과정을 통해 소비가 순식간에 퍼져 나가게 됩니다.

　19세기 말 20세기 초 미국에서도 중산층을 중심으로 소비문화가 확산됩니다. 돈을 모아서 부자가 되는 일은 힘들거나 불가능할 수 있지만, 부자들이 갖고 있는 무언가를 소유하는 일은 좀 더 쉬운 일입니다. '모방 소비'는 그러기에 퍼져 나갈 수 있었던 것 같아요. 소비가 늘어나니 쓰레기가 늘어나는 건 당연한 결과겠지요. 증가하는 쓰레기는 어떻게 되었을까요? 비슷한 시기에 가정 폐기물을 도시의 행정 당국이 수거하는 시스템이 마련되었어요. 만약 사람들 눈앞에 쓰레기가 쌓여 가는 모습이 지속적으로 보였다면 사람들은 소비를 멈추고 쓰레기 문제를 생각하지 않았을까요? 소비를 하려다가도 쓰레기가 떠올라 소비를 주저할 수도 있어요. 그런데 누군가가 정기적으로 쓰레기를 가져가게 된다면 쓰레기의 존재 자체를 잊게 됩니다. 그렇게 되니 검소하게 살던 습관을 잊고 물건을 버리는 일이 쉬워졌습니다. 소비자는 말 그대로 소비만 담당하고 쓰레기에 관한 고민은 행정 당국과 관련 전문가에게 맡겨지게 된 거지요.

쓰레기가 증가하자 폐품에 대한 거래도 덩치가 큰 기업들이 주도하게 됩니다. 미국의 폐기물 업체들은 19세기 말 미국 산업의 성장과 함께 커 갔습니다. 폐품 거래가 제도화됨에 따라 도시 당국의 폐기물 수거 시스템도 그에 걸맞게 합리화되고 제도화되어 갔습니다. 당국은 특히 청결과 합리성을 강조했어요. 공공 지역의 오염을 제거하는 일에 앞장서게 되었지요.

당시 도시 쓰레기 문제의 주범은 공장 폐기물과 말똥 같은 길거리 오물이었어요. 공장 가동률이 높아짐에 따라 석탄이나 땔감의 재가 증가했어요. 또 자동차도 있었으나 주류 이동 수단이 아직 마차였던 그 시절에는 길거리 말똥의 양이 어마어마했다고 합니다. 수전 스트레서가 쓴 책 『낭비와 욕망』을 보면 19세기 말~20세기 초 미국 도시에 말이 300만 마리나 살고 있었다고 해요. 밀워키에서 말들이 하루에 쏟아

내는 대변의 양은 133톤, 브루클린에서는 200톤이나 되었답니다. 자동차와 말이 함께 도로를 사용하던 때라 거리에는 말 사체가 많았어요. 1912년 한 해 시카고 시 당국은 주요 도로에서 1만 마리의 말 사체를 치워야 했다고 합니다.

자동차의 보급이 늘고 석탄이나 땔나무 대신 가스로 난방을 하면서 거리의 오물과 재 쓰레기가 줄었어요. 그 대신 가정 쓰레기가 급증하게 됩니다. 쓰레기 수거가 잘 될수록 사람들은 자신들이 버리는 쓰레기의 양에 둔감해집니다. 그런 데다 공장에서 생산하는 다양한 물건이 증가하고 있었고요. 물건의 증가는 쓰레기의 증가를 의미합니다. 가정용 쓰레기가 공장으로 다시 보내져 원료가 되어 재사용되는 일이 점차 사라지면서 소비자의 쓰레기는 어떻게 되었을까요? 2차 대전 이후에는 미국 가정에서 배출하는 쓰레기의 대부분은 소각되거나 매립되었습니다. 소각과 매립을 위해서는 공간, 기술, 인프라 등이 필요합니다. 그러니 이런 쓰레기 처리 시스템은 이제 기업이 도맡아 할 수밖에 없게 된 거지요. 게다가 소각과 매립은 새로운 환경 오염을 유발하게 되는데 다섯 번째 강의에서 자세히 다루도록 하겠습니다.

고릴라가 휴대폰을 미워하는 까닭은?

고릴라가 휴대폰을 미워한다는 얘기는 아마도 많이 들어 보았을 거예요. 실제로 고릴라가 휴대폰을 미워할 리가 있나요? 그런데 이 말이 나온 까닭은 고릴라가 살고 있는 서식지와 휴대폰 사이에 어떤 관련이 있기 때문입니다. 친구와 카톡을 하고 재밌는 웹툰을 볼 수 있는 휴대폰, 그 휴대폰이 작동을 하려면 탄탈룸(tantalum)이라는 재료가 반드시 필요합니다. 탄탈룸은 콜탄(coltan)을 정련해서 얻는데, 콜탄이 가장 많이 매장된 곳이 아프리카 중부에 위치한 콩고민주공화국입니다.

콩고민주공화국은 세계에서 12번째로 땅이 넓은 나라입니다. 여기에 금과 구리, 주석, 우라늄광, 코발트, 콜탄 등 풍부한 광물 자원이 매장되어 있어요. 공업용 다이아몬드 생산량은 세계 1위입니다. 그렇다면 잘사는 나라여야 할 테지만 현실은 세계 최빈국입니다. 오랜 내전 때문입니다. 그들은 콜탄을 팔아 전쟁 자금으로 썼어요. 전 세계의 주요 기업들이 고객이었습니다. 사람들은 윤리적 소비를 원했지만, 돈이 목적인 기업들은 거래를 멈추지 않았어요. 국제 사회에서 항의가 빗발쳤습니다. 전쟁이 계속되는 사이 무려 500만 명이 넘는 사람들이 희생되었습니다.

사람의 목숨이 이러한데 고릴라야 오죽할까요? 실제로 열대 우림에 사는 고릴라의 개체 수가 급격히 줄어들고 있습니다. 이들을 멸종 위

▶ 열대 우림에서 개체 수가 급격히
   줄고 있는 고릴라.

기로 몰아가는 것 가운데 하나가 바로 콜탄이에요. 콜탄을 캐려고 숲
을 파괴하는 것은 물론 정제하는 과정에서 발생하는 각종 화학 약품들
이 서식지를 오염시킨다고 합니다.

탄탈룸은 희토류(稀土類)의 일종입니다. 오늘날 우리가 많이 쓰는 전
자 제품의 주요 부품을 만드는 원료지요. '희귀한 흙'이라는 이름에서
도 알 수 있듯이 희토류는 얻기가 매우 어려워요. 추출이 쉽지 않습니
다. 세계 희토류의 85퍼센트를 중국이 생산합니다. 그렇게 된 데는 이
유가 있어요.

정제 과정에서 다양한 화학 약품이 사용되는데 독성이 커서 상당한

양의 오염수가 발생합니다. 채굴, 제련 과정에서도 환경이 파괴되고요. 그래서 다른 나라에서는 매장이 되어 있어도 생산을 꺼려요. 예컨대 호주는 자기 나라 희토류를 말레이시아에서 제련합니다. 반면 산업화와 경제 개발을 우선시하던 중국은 1980년대 후반부터 희토류 생산에 박차를 가합니다.

그 부작용이 얼마나 심한지는 중국 내에 있는 세계 최대 희토류 광산 지역을 보면 알 수 있습니다. 네이멍구의 바오터우 시가 바로 그곳입니다. 이 지역의 환경 오염은 상상을 초월한다고 합니다. 가축들이 떼죽음을 당하는 등 사람은 물론 동물들도 살 수 없을 정도라고 해요. 우리가 편리하게 전자 제품을 사용하는 대가로는 너무 크지 않나요?

그렇다면 이 난제를 해결할 방법은 뭘까요? 우리가 삶을 영위하면서 누리는 것들 뒤에 보이지 않은 무수한 연결을 생각해 봤으면 합니다. 그 연결 점에는 고릴라도 있고, 콩고민주공화국의 가난한 사람들도 있습니다. 중국 바오터우 시에서 환경 오염으로 힘겨운 삶을 이어가고 있는 사람들도 있습니다.

인류가 이렇듯 풍족했던 시기는 단 100여 년, 아주 기이하고 비정상적인 시기였어요. 그리고 이제는 이 비정상적인 삶을 정상의 삶으로 되돌려야 할 때입니다. 우리 뒤를 계속 이어갈 미래 세대들이 지속 가능하게 이곳 지구에서 살기 위해서 우리 삶에 분명한 변화가 필요합니다.

네 번째 강의

버려지는 것들

제가 어릴 적 즐겼던 스무고개를 해볼까 해요. 이 책 앞부분을 꼼꼼히 읽은 친구들이라면 아마도 쉽게 맞힐 수 있을 거예요.

　이것은 우리에게 풍요로움과 편리함을 가져다줬습니다. 그러나 이것을 지금껏 사용해 온 방식 그대로 고집했다가는 우리 인류의 미래가 굉장히 암울해질 겁니다. 왜냐하면 이것으로 인해 지구 곳곳에 엄청난 환경 문제가 벌어지고 있기 때문이지요. 이것은 아주 오랜 시간 땅속에 있던 것을 원료로 해서 만들어요. 이것이 지구 상에 등장한 지는 불과 100년 남짓 됩니다. 그렇지만 이것은 우리 삶 곳곳에 깊이 스며들어 있어서 마치 오래전부터 이것과 함께 살아온 것같이 느낄 정도입니다. 이것은 우리들에 의해 우리가 살고 있는 땅뿐만 아니라 모든 강과 바다 심지어 북극, 남극 빙하에까지 퍼지게 되었어요. 눈을 뜨는 순간부터 잠잘 때까지, 아니 잠을 자는 동안에도 우리는 이것의 도움을 받고 있답니다.

만약 이것이 어느 날 사라진다면 우리는 엄청난 혼란에 처하게 될 겁니다. 그렇다고 해서 이것이 사라지면 우리들의 생존이 불가능하냐 면 그렇지는 않아요. 한동안 불편한 상황이 벌어지긴 할 테지만 적응 이 되면 다시 잘살게 될 겁니다. 왜냐하면 이게 지구 상에 등장하기 전 에도 사람들은 아무런 문제 없이 살아왔으니까요. 우리의 아주 먼 후 손들도 이것을 보게 될 겁니다. 이것은 무엇일까요?

여기까지 오는 동안 벌써 정답을 맞힌 친구도 있을 것 같군요. 이것 은 바로 플라스틱입니다. 플라스틱은 석유 화학 제품으로 석유를 산업 에 활발하게 사용하면서 인류사에 등장하게 되었어요. 플라스틱은 놋 쇠나 스테인리스처럼 무거운 것들로부터 우리를 해방시키며 가벼움을 선물해 줬어요. 플라스틱은 유리처럼 잘 깨지거나 종이처럼 물에 젖지 도 않고 녹이 생기지도 않았어요. 그러니 오래도록 쓸 수 있죠. 게다가 플라스틱은 값도 비교적 저렴합니다. 플라스틱으로 만들 수 있는 물건 은 무궁무진했어요. 플라스틱은 물병, 장난감 블록, 지우개, 빨대 같은 물건에서부터 가구, 냉장고, 스마트폰, PC, 자동차, 송유관, 선박, 비행 기, 우주선에 이르기까지 그 쓰임이 헤아릴 수 없이 많습니다. 무거운 방탄복의 대체품으로 플라스틱이 응용되어 가벼운 방탄복이 발명되었 고, 각종 의류의 재료가 되기도 합니다.

쓰레기로 가득 찬 지구

오늘날 지폐나 동전을 지갑에 넣어 가지고 다니는 사람들은 많지 않아요. 대부분 플라스틱 머니라 불리는 신용 카드를 씁니다. 화폐의 영역에까지 플라스틱은 들어와 있습니다. 이뿐만 아니라 의료용품에도 다양하게 응용되고 있어요. 가히 플라스틱 문명이라 불릴 만합니다. 이렇듯 우리 생활 전반에 걸쳐 플라스틱이 쓰일 수 있었던 것은 용도에 따라 계속 응용된 제품들이 나왔기 때문이에요. 이토록 좋은 재료가 있다니요! 그런데 모든 물건에는 빛과 그림자가 있습니다. 편리한 만큼 지불해야 할 대가가 있는 거고요. 플라스틱의 빛은 다양한 쓰임과 편리함인데요. 그렇다면 그림자는 뭘까요? 오염입니다.

플라스틱은 썩지 않아요. 그러기 때문에 아주 오랜 시간 동안 쓰레기로 남겨지게 되지요. 플라스틱이 지구 상에 등장한 지 고작 100년 남짓이기 때문에 플라스틱이 향후 어떻게 될지는 사실 아무도 예측할 수 없어요. 페트병 속에 든 물은 마셔 버리면 그만이지만 그 페트병은 수백 년이 지나도 사라지지 않아요. 내 손자의 손자, 까마득한 손자도 여전히 그 페트병을 보며 살게 되는 웃지 못할 일이 벌어질 거라는 얘깁니다.

생활 곳곳에 플라스틱이 자리 잡고 난 지금 인류는 플라스틱으로 인해 여러 복잡한 문제에 직면하게 되었습니다. 그러나 아무리 논란이 일어도 플라스틱은 전기와 마찬가지로 현 인류에게 없어서는 안 될 것이 돼 버렸어요. 지금 당장 플라스틱 없는 삶을 선택하는 일은 쉽지 않습니다. 그럼에도 플라스틱이 쓰레기가 되었을 때 발생하는 문제들에 대해 알 필요는 있어요. 그래야 플라스틱 의존도를 낮출 수 있지 않을까 싶습니다. 플라스틱은 비단 인류에게만 유해하지 않습니다. 플라스틱으로 인해 바다 생물들이 힘들어하고 있다는 것을 여러분도 들어 본 적이 있을 거예요. 우리가 쓰고 버린 플라스틱 쓰레기들이 바다로 흘러들어 가 둥둥 떠다니며 쓰레기 섬을 형성하기도 합니다.

눈에 보이는 플라스틱뿐만 아니라 미세 플라스틱도 문제가 됩니다. 우리가 세수할 때나 각질을 제거하려 쓰는 스크럽 또는 옷에서 떨어져 나간 미세 플라스틱 등으로 인해 플랑크톤부터 바닷가재, 커다란 물고기에 이르기까지 많은 바다 생물의 몸 안에 플라스틱 알갱이가 들어가게 되었어요. 이러한 미세 플라스틱들은 체내에서 내분비계 교란 등 여러 문제를 일으키기도 합니다. 우리가 의식하지도 못한 채 쉴 새 없이 만들어 내는 쓰레기가 주변에 점점 쌓여 가고 있어요. 심지어 바다에까지 말이지요. 그리고 그 쓰레기들로 인해 지구에 살고 있는 생명의 삶이 위협받고 있습니다.

제주도에 딸린 섬인 우도는 아름답기로 유명합니다. 사진으로 본 우도는 정말 아름답더군요. 제주도에 열 번 가까이 다녀오도록 우도에 가 본 적이 없어서 얼마 전 제주도를 방문할 기회가 생겼을 때 우도엘 꼭 다녀오리라 마음먹었지요. 지금 생각하면 차라리 그냥 사진 속 우도로 남겨 둘 걸 그랬나 싶어요. 제주에서 배를 타고 우도에 도착하니 그곳은 자동차가 없으면 다니기가 쉽지 않다며 전기 자동차나 자전거를 권하더군요. 배를 대는 선착장 바로 옆에 대여해 주는 곳이 여럿 있었어요. 일행이 있어 전기 자동차를 빌렸습니다. 나중에 알게 된 사실인데 우도는 천천히 걷기에 적당한 크기의 섬이었어요. 걸으면서 우도의 아름다운 자연을 감상하게 된다면 아마 또 다른 우도를 만날 수 있을 거예요. 시간만 넉넉하다면 걷거나 자전거를 추천합니다.

초행이라 일러 주는 대로 전기 자동차를 타고 우도를 돌아보았어요. 그러다 바다를 좀 더 가까이에서 보려고 중간에 차를 세웠습니다. 바다로 가기 위해 모래사장을 건너는데 저는 제 눈을 의심하지 않을 수 없었어요. 바닷가 모래밭이 아닌 쓰레기장에 온 게 아닐까, 라는 착각을 할 만큼 모래사장에 온갖 쓰레기들이 뒤범벅되어 있었거든요. 그곳에 온 많은 사람들은 바다를 보며 뛰어가느라 모래사장은 못 보는 것 같았어요. 작은 크기의 플라스틱 라이터부터 커다란 스티로폼 박스며 함지박, 엉켜 버린 그물이며 버려진 신발, 페트병, 부서진 유리병 조각까지. 고운 모래 사이에 쓰레기가 박혀 있는 풍경을 보자 사진 속 우도는 머나먼 옛날처럼 느껴졌습니다.

바닷가 쓰레기는 어떻게 생겨난 걸까요? 그토록 많은 사람들이 바닷가에 와서 버리고 간 걸까요? 아마 일부는 그렇게 해서 생겨난 쓰레기일 겁니다. 바닷가에 놀러 왔던 사람들이 버린 쓰레기, 낚시꾼들이 버린 쓰레기, 어부들이 버린 쓰레기, 양식장이나 해양 레저 시설 등 해안에 설치된 각종 시설에서 나온 쓰레기들도 있어요. 그리고 바다에서 떠

▲ 우도에 쓰레기를 모아 놓은 곳. 쓰레기에서 침출수가 흘러나와 주변에 고여 있다. ⓒ 신경준

알아두기

쓰레기를 타고 온 손님

후쿠시마 핵발전소 사고 이후 생태계의 커다란 변화가 감지되고 있습니다. 과학 저널 <사이언스>에 의하면 그 후 1년 6개월이 지나고 7000여 킬로미터나 떨어진 하와이 섬, 북미 해변으로 쓰나미 잔해물들이 바닷물에 떠밀려 오면서 300종 가까운 동물들이 이주해 왔다고 해요. 갑각류와 연체동물 등이 주를 이루는데 이들은 플라스틱, 스티로폼 등 인공 쓰레기를 타고 왔다고 합니다. 쓰레기와 핵발전소 사고가 생태계를 변화시키고 있는 거예요.

밀려 온 쓰레기도 있어요. 바다에서 떠밀려 왔다니 이상한가요? 오늘날 우리를 둘러싼 바다에는 쓰레기가 상당히 많이 있습니다. '태평양의 거대한 쓰레기 지대'를 들어본 적이 있나요? 하와이 섬 인근에 있는 두 개의 거대한 쓰레기 더미를 말합니다. 그곳에 떠돌고 있는 쓰레기들은 미국, 캐나다, 일본 등 북태평양 연안의 국가들에서 버려진 페트병, 칫솔, 장난감, 어망 등이 주를 이룹니다. 이런 종류의 쓰레기들을 보면 해양 쓰레기의 대부분이 육지에서 떠밀려 왔다는 걸 알 수 있죠. 남태평양 피트케언 군도에 있는 생태계의 보고인 무인도 핸더슨에서 어마어마한 양의 쓰레기가 발견됐다는 보고서가 발표되었어요. 2015년 3개월 20일간 연구한 내용이었지요. 이 쓰레기 더미는 호주 태즈메이니아 대학 제니퍼 레이버스 박사가 우연히 구글 지도를 검색하다가 발견하게 되었다고 합니다. 핸더슨은 유네스코 세계 자연 유산에 등재된 무인도예요. 남미 칠레에서 5600킬로미터 떨어진 곳으로 5~10년에나 겨우 사람의 발길이 한 번 닿을까 말까 한 곳이거든요. 그렇다면 이 쓰레기들은 어디서 온 것일까요? 해류를 타고 떠밀려 온 쓰레기입니다. 쓰레기로는 1회용 칫솔, 라이터, 어린이 장난감 등이 있었으니까요.

쓰레기가 만든 태평양의 비극

태평양에 거대한 쓰레기 더미가 또 있는데 그 크기는 한반도의 여섯 배 정도나 됩니다. 미국의 해양 환경 운동가인 찰스 무어가 발견한 이 쓰레기 더미가 이렇게 한곳에 모여 커다란 모양을 형성하게 된 것은 환류와 바람의 영향이라고 추정하고 있어요. 쓰레기들이 빙빙 돌며 그곳에 모여든 거지요. 이러한 쓰레기 더미는 대서양 남북에 하나씩, 인도양과 태평양 서부에도 존재한다고 합니다. 세계의 모든 바다는 온갖 쓰레기로 꽉 채워진 수프 같다고 표현 합니다. 몇 년 전 실종됐던 말레이 항공기의 추락 예상 지점이 인도양의 거대 쓰레기 지대여서 여객기 수색 작업에 큰 어려움을 겪기도 했어요. 국제 수색팀이 말레이 항공기의 잔해로 추정하고 건져 올린 물건들 대부분이 그 지역을 떠돌던 해양 쓰레기로 밝혀졌기 때문입니다. 태국과 미얀마를 여행하고 온 지인에 따르면 길거리에 쓰레기가 엄청났다고 해요. 밥도 비닐봉지에 담아 파니 넘쳐 나는 비닐봉지로 쓰레기 문제가 심각하다고 합니다. 비단 태국과 미얀마만의 문제는 아닙니다. 우리의 모습이기도 합니다.

문득 몇 년 전 신문에서 봤던 부산의 어느 수변 공원 사진 한 장이 떠오릅니다. 휴일이 끝난 다음 날 수변 공원에는 마시던 술병, 음료수 병, 치킨 등이 담겼던 종이 상자, 일회용 종이컵, 앉으려고 펼쳐 놨던 깔개까지 그대로 두고 사람만 빠져나간 그야말로 온통 쓰레기 천지인 사진 한 장이 신문에 실렸어요. 사진 한가운데에는 쓰레기 더미로 변한 공원을 망연자실 쳐다보고 있는 환경 미화원의 뒷모습이 있었습니다. 강가에 위치한 공원이어서 행여 전날 비라도 내렸다면 그 쓰레기들은 곧장 강을 거쳐 바다로 들어갔을 겁니다. 더 심각한 것은 그런 풍경이 몇 년째 되풀이되고 있다는 사실입니다. 온갖 먹을거리와 일회용 품들에다 깔고 앉았던 깔개까지 두고 사람들만 사라진 풍경에 저는 공포감마저 느꼈어요. 물건이 흔해도 너무 흔한 세상입니다. 그런데 사람들은 물건이 흔한 것을 즐길 줄만 알지 그 물건이 결국 어디로 가서 어떻게 될 거란 데에는 생각이 미치지 못하는 것 같아요.

바다 쓰레기들의 70퍼센트 이상이 육지에서 흘러들어 온다고 합니다. 예컨대 우리나라에서 발생하는 해양 쓰레기는 해마다 18만 톤쯤 된다고 해요. 이 중 육지에서 흘러들어 간 게 12만 톤이고 나머지 6만여 톤은 배에서 바다에 버린 걸로 추정합니다. 육지 쓰레기만 잘 관리해도 바다의 쓰레기를 상당 부분 줄일 수 있다는 거예요.

얼마 전 지인이 일본 오키나와에 다녀왔는데 오우라 만 해안가에서 우리나라의 간장병을 발견했다며 사진을 보내왔어요. 바다를 공유하다 보니 각국에서 배출된 쓰레기들이 서로 섞일 수밖에 없는 거지요. 우도 해안가 모래밭뿐만 아니라 관광지라면 예외 없이 쓰레기 몸살을 앓습니다. 특히 해안가 쓰레기는 곧장 해양 쓰레기가 될 수 있으니 지역 주민뿐만 아니라 관광객의 입장에서도 각별히 쓰레기 문제를 신경 써야 할 것 같습니다.

해양 쓰레기는 바다가 생활 터전인 해양 생물들의 목숨을 위협합니다. 플라스틱을 먹은 바닷새, 바다에 떠다니는 비닐봉지를 해파리로 착각하고 삼킨 바다거북도 피해자입니다. 유엔 환경 계획(UNEP)에 따르면 해마다 바닷새 100만 마리 이상이 플라스틱을 먹이로 오인하고 먹

▲▲ 오키나와 오우라 만에서 발견된 우리나라 간장 통.
▲ 백령도 콩돌해안에서 발견된 중국 음료수 병.
▶ 인천 해안 쓰레기.
ⓒ장정구

거나 버려진 그물 등에 걸려 죽어 가고 있다고 합니다.

캘리포니아 해양 포유류 센터의 과학자 프랜시스 갈란드가 목격한 사례는 해양 쓰레기가 얼마나 해양 생물들을 잔인하게 해치고 있는지를 잘 보여 줍니다. 2008년 캘리포니아 북부 해안으로 두 마리 향유고래가 밀려왔습니다. 한 마리는 위가 파열돼 있었고, 또 다른 한 마리는 먹지 못해 야윈 상태였는데 그들 뱃속에는 어망, 밧줄, 그리고 플라스틱 쓰레기들로 가득했습니다. 얼마 전 우리나라에서도 발견된 돌고래 사체를 부검했더니 비닐 등 해양 쓰레기로 인해 소화기가 막혀 영양 결핍으로 사망한 사실이 밝혀졌지요. 이런 사례는 이제 흔합니다. 그만큼 해양 쓰레기로 인해 목숨을 잃는 해양 동물들이 많아졌다는 얘기겠지요.

해양 쓰레기는 해양 동물에게만 피해를 줄까요? 바다를 둥둥 떠다니는 플라스틱은 염도가 높은 바닷물과 뜨거운 햇빛 등에 의해 잘게 쪼개집니다. 잘게 쪼개진 플라스틱은 미세 플라스틱 형태로 해양 생물들의 몸으로 들어갑니다. 결국 최종 포식자인 우리 인간의 몸에까지 도달하게 되는 거지요. 미세 플라스틱은 우리들이 즐겨 먹는 생선뿐만 아니라 소금에서도 발견됩니다. 북극해 연안에서 해양 생물을 잡아먹고 사는 알래스카의 이누이트 족은 성별 출생 비율이 남아 1명당 여아 2명이라고 합니다. 저체중으로 조산되는 아기들도 있고요. 해양 쓰레기 중 플라스틱에 포함되어 있는 환경 호르몬이 인체에 영향을 미치고 있는 것으로 추정하고 있습니다. 쓰레기는 바닷가뿐만 아니라 숲 속

깊숙이 옮겨지고 있기도 합니다. 바우어새는 오스트레일리아와 파푸 아뉴기니에 사는 새로 집을 멋지게 짓는 걸로 유명합니다. 집만 멋지 게 짓는 것이 아니라 실내 장식도 멋지게 잘합니다. 최근 한 영상에서 바우어새가 빨간색, 초록색 열매 대신 빨간 콜라 캔이며 알록달록한 색깔의 포장 비닐을 물어다 장식하는 모습을 보았어요. 바닷물에 떠밀 려 왔든 관광객들이 버리고 갔든 쓰레기가 바우어새의 둥지에까지 왔 다는 사실이 놀라웠습니다. 이제 쓰레기가 새들에 의해서도 숲 속으로 까지 옮겨지는 지경에 이른 것 같아 몹시 씁쓸하더군요.

우리는 왜 이토록 위협적인 쓰레기가 늘어나고 있다는 것을 의식하 지 못하는 걸까요? 왜 쓰레기 문제를 심각하게 생각하지 않고 살아왔 을까요? 쓰레기는 발생하는 즉시 우리 눈앞에서 치워집니다. 여러분이 나 제가 의식하지 못하는 사이에도 얼마나 많은 쓰레기를 생산하며 의 식주를 영위하는지 돌아보기 위해 쓰레기의 종류를 살펴볼까 합니다.

워낙 쓰레기 종류가 많기에 여기서 다 다룰 수는 없고 주요한 쓰레 기들만 거론해야 할 것 같습니다. 일단 쓰레기 종류를 알기 위해서는 넓은 범주로 쓰레기를 먼저 분류해 봐야 할 것 같아요. 쓰레기 종류를 크게 두 개의 범주로, 눈에 보이는 쓰레기와 보이지 않는 쓰레기로 나 누어 봤어요. 눈에 보이는 쓰레기는 다시 다섯 가지로 구분해 봤습니 다. 가장 문제가 되는 플라스틱 쓰레기, 숲을 사라지게 하는 종이 쓰레 기, 그리고 패스트 패션으로 불거진 의류 쓰레기, 세상의 절반이 굶주 리는데도 식탁에 오르기도 전에 쓰레기통으로 처박혀 버리는 음식물 쓰레기, 그리고 우리 생활에서 떼려야 뗄 수 없는 온갖 전자 제품들이 만들어 내는 전자 쓰레기 문제를 짚어 볼 겁니다.

눈에 보이지 않는 쓰레기는 세 가지로 나눠 봤어요. 핵발전소에서 지속적으로 나오는 핵 쓰레기, 우리의 모든 일상과 연결된 행위에서 에너지를 소비할 때마다 배출되며 기후를 변화시키는 온실가스의 대표 주자인 이산화탄소, 그리고 우주 쓰레기입니다. 사실 핵 쓰레기와 우주 쓰레기는 눈에 보이지 않는 게 아닙니다. 그러나 핵 쓰레기는 우리 눈에 띄지 않는 곳에서 옮겨지고 저장되기 때문에 우리가 볼 수 없는 것이고 우주 쓰레기는 너무 멀리 있기 때문에 우리가 볼 수 없는 것입니다. 이렇게 쓰레기 종류를 구분하고 나누어서 하나씩 짚어 보도록 하겠습니다.

눈에 보이는 쓰레기들

① 플라스틱 쓰레기

플라스틱은 우리 생활 대부분의 영역에서 사용됩니다. 가장 쉽게 떠올릴 수 있는 것은 페트병이죠. 여러분이 어릴 적 많이 가지고 놀았던 장난감이나 학용품, 우리의 일상에 없어서는 안 될 전자 제품, 의류에도 플라스틱이 쓰입니다.

플라스틱은 크게 열가소성 수지와 열경화성 수지로 나누어요. 우리가 쓰는 생활용품은 대부분 열가소성 수지로 만들어요. 폴리에틸렌(PET), 폴리프로필렌(PP), 폴리스티렌(PS), 폴리염화비닐(PVC)이 바로 대표적인 열가소성 수지입니다. 이 낱말들에 공통점이 보이지 않나요? 모두 P로 시작합니다. 'P'는 폴리머(polymer)의 약자로 고분자 화합물이라는 뜻이에요. 플라스틱 제품을 살펴보면 삼각형 모양의 재활용 마크가 찍혀 있는데 거길 보면 구체적인 성분을 알 수 있습니다.

국제 표준화 기구(ISO)가 정한 기준인 번호에 따라 해당 플라스틱을 구분해 볼게요. 앞서 말씀드린 삼각형 표시 안에 1번이 적혀 있고 그 아래 PET 혹은 PETE가 새겨져 있다면 그것은 페트입니다. 폴리에틸렌 테레프탈레이트(polyethylene terephthalate)의 약자예요. 페트병 자주 쓰지요? 이 페트병은 한 번 쓰고 버리는 게 원칙입니다. 세균 때문에 다시 못 써요. 일회용품인 거지요. 생수를 한 병 사 먹는다는 것은 결

▲ 국제 표준화 기구가 정한 플라스틱 구분 기준.

국 플라스틱 쓰레기 하나를 추가한다는 뜻입니다. 그러면 어떻게 해야 하냐고요? 물병을 갖고 다니면 됩니다. 번거롭다고요? 맞아요, 번거롭지요.

오늘 우리에게 닥친 많은 환경, 생태 문제는 편리함으로 인해서 온 것입니다. 그러니 이런 재앙적인 일에서 자유로워지려면 우리는 어느 정도 번거로움을 감수해야 합니다. 제가 학교 다니던 시절에는 소풍 갈 때 누구나 물통을 가져 왔어요. 내가 마실 물을 담아 가지고 오는 것은 너무나 자연스러운 일이었어요. 지금은 물통을 가지고 다니는 사람들을 만나기가 쉽지 않아요. 왜냐하면 돈만 있으면 어디서나 물을 살 수 있기 때문이지요. 우리가 흔히 아는 생수병, 케첩 통, 탄산음료 병 등이 페트로 만듭니다.

기호 2번은 고밀도 폴리에틸렌(HDP 또는 HDPE)입니다. 페트와 함께 가장 많이 쓰이는 재료지요. 고온에 잘 견디고 단단하며 발암 물질이 없어서 식품 용기로 많이 쓰입니다.

기호 3번은 폴리염화비닐 또는 폴리비닐 클로라이드라고 부르는 PVC입니다. 부드럽고 유연한 플라스틱 제품을 만들 때 쓰여요. 열에 약하고 환경 호르몬이 발생합니다. 태우면 다이옥신 같은 발암 물질이 생겨요. 파이프나 전깃줄, 양동이, 호스 등을 만드는 데 쓰입니다. 재활용이 안 됩니다.

기호 4번은 저밀도 폴리에틸렌(LDPE)입니다. 비닐봉지 등을 만드는 데 쓰입니다.

최원형의
청소년 소비 특강

96

기호 5번은 폴리프로필렌(PP)입니다. 플라스틱 가운데 가장 가볍고 질기다고 해요. 고온에도 안정되고 호르몬 발생도 없습니다. 이불이나 주방용품, 그릇 등에 쓰입니다.

기호 6번은 폴리스티렌(PS, polystyrene)입니다. 대표적인 게 스티로폼이에요. 장난감, 과자 포장재, 일회용 컵 뚜껑 등을 만듭니다. 모양을 여러 가지로 만들 수 있다는 장점이 있지만, 열에 약해서 뜨거워지면 발암 물질이 나옵니다. 우리가 손에 들고 다니는 일회용 커피잔을 떠올려 보세요. 편하게 마시는 한 잔의 커피 안에 혹시라도 몸에 해로운 물질이 들어 있지는 않을까요?

기호 7번은 폴리카보네이트입니다. 'PC', 또는 'OTHER(그 외, 기타 플라스틱)'라고 표시되어 있어요. 이것은 여러 플라스틱 재료를 섞은 걸 뜻합니다. 건축용 자재 등에 사용됩니다. 환경 호르몬이나 인체 유해 물질이 배출되므로 생활용품에는 부적합해요. 여기에 속하는 플라스틱 중에서 트라이탄(PCT)만 환경 호르몬이 없다고 하니 잘 살펴보아야겠지요?

지금까지 살펴본 1번부터 7번까지 플라스틱 제품 가운데 3번과 7번을 제외하고는 재활용이 가능합니다. 우리나라의 분리 배출 수준은 세계에서 다섯 손가락 안에 들 정도로 잘하는 나라예요. 그런데 재활용률은 많이 떨어집니다. 그 이유가 뭘까 궁금하지 않나요? 하나의 물건을 여러 종류의 플라스틱을 사용해서 만들기 때문이에요. 그러니 소비자들이 그 제품을 쓴 뒤 일일이 분류해서 버리기가 힘들죠. 때로 각각을 분리하는 일 자체가 불가능한 경우도 있어요. 플라스틱을 한꺼번에 분류하는 분류 방식도 재활용률을 떨어뜨리는 원인이에요. 종류가 다양한데 한꺼번에 분류해 버리니 재활용을 위해서는 또다시 분류를 해야 합니다.

페트병을 예로 들어볼게요. 페트병의 몸통 부분과 뚜껑 부분은 서로 다른 플라스틱으로 만들어요. 겉에 두른 띠도 재질이 다릅니다. 그러니 각각 따로 분리해서 배출해야 합니다. 만약 제품에 숫자 표시가 없다면 분리 배출이 어려우니 가능하면 구입하지 않아야 합니다.

플라스틱은 우리 일상과 떼려야 뗄 수 없는 물질입니다. 그래서 더 세심한 관리가 필요해요. 최근 미세 플라스틱 문제가 심각합니다. 환경에 치명적인 영향을 미친다고 해요. 몸속에 쌓이면 큰 문제를 일으킬 수 있다고 합니다. 어떤 사람들은 미세 플라스틱이 생태계에 미치는 영향 때문에 이를 '죽음의 알갱이'로 부르기도 한다는군요. 문제의 심각성을 깨달은 각 나라에서는 대책 마련에 힘을 쏟고 있습니다. 우리나라도 미세 플라스틱이 포함된 화장품의 생산 및 수입을 금지시켰어요.

2016년 통계청 발표에 따르며 우리나라 사람 1인당 한 해 평균 98.2킬로그램의 플라스틱을 소비한다고 합니다. 세계 최고 수준이에요. 플라스틱의 무게는 매우 가볍습니다. 그러니 무게가 100킬로그램 가까이 되려면 대체 얼마나 소비해야 하는 걸까요? 플라스틱은 자연으로 돌아가지 못합니다. 그러니 플라스틱으로 만든 제품들은 구매하기 전에 정말 신중하게 생각해야 할 것 같아요.

신물질 플라스틱의 운명
플라스틱이 등장한 이후 쓰레기의 양도 급속도로 늘어납니다. 미국 캘리포니아 주립대와 조지아 주립대가 2017년 7월 〈사이언스 어드밴시스〉에 발표한 논문에 의하면, 1950년부터 2015년까지 83억 톤의 플라스틱이 생산되었으며 이 중 63억 톤이 쓰레기가 되었다고 해요. 생산량의 75퍼센트가량이 버려진 겁니다. 그중 재활용된 것은 9퍼센트에 불과하고 나머지는 태우거나 땅에 묻었다고 하니 플라스틱이야말로 재활용이 절실한 물질 아닐까요?

② 의류 쓰레기

계절이 바뀔 때마다 패션이 바뀝니다. 이런 유행은 의류 회사들이 주도하지요. 사정이 이러하다 보니 계절마다 새로이 유행하는 옷을 사게 됩니다. 만약 옷값이 비싸다면 자주 살 수 없을 텐데 옷값마저 쌉니다. 그러니 유행에 따라 옷을 계속 구입하게 됩니다. 이게 바로 패스트 패션이지요. 앞서 한 차례 소개를 했었지요? 어떤 경우에는 티셔츠나 스웨터가 햄버거보다 가격이 싸기도 해요. 패스트푸드가 비만을 유발해서 건강에 유해하듯 패스트 패션은 환경에 유해합니다.

계속 유행이 바뀌니 한철 입고 난 옷은 더 이상 손이 가지 않아요. 그러니 옷장에 두든 버리든 하게 되지요. 옷장에 있어도 입지 않는 옷은 버린 것과 다르지 않습니다. 잠재적 쓰레기인 거지요. 패스트 패션이 유행에 민감하다 보니 옷의 질과는 상관없이 구입해서 한 계절 입고 폐기 처분하는 경우가 다반사입니다. 버려진 의류 쓰레기는 소각하거나 매립합니다.

패스트 패션은 그 속성상 자주 디자인을 바꿉니다. 이 말은 더 많은 옷이 생산되고 소비된다는 뜻입니다. 궁극적으로는 의류 쓰레기의 증가를 의미하고요. 문제는 이 쓰레기의 처리가 곤란하다는 거예요. 합성 섬유는 태우면 발암 물질과 지구 온난화의 원인이 되는 물질을 발생시킵니다. 땅에 묻어도 문제예요. 썩지 않거든요. 왜 패스트 패션이 환경에 유해한지 바로 이해가 되지 않나요? 패스트 패션이 유행하면서 패션에 대한 소비는 과거 10년 동안 약 60퍼센트가 증가했어요. 그만큼 쓰레기장으로 향하는 의류 쓰레기 양도 많아집니다.

예전에는 천연 섬유로 옷감을 만들었어요. 목화나 아마, 삼베 같은 식물이나 누에고치에서 얻은 실과 양털 등을 썼지요. 문화와 환경에 따라 다양한 옷을 만들어 입었습니다. 사는 형편이나 신분에 따라서도 옷이 달랐어요. 부유한 계층들은 계절에 따라 따뜻하고 부드럽고 시원한 재료로 만든 옷을 입었습니다. 가난한 서민들은 그러질 못했어요.

우리나라의 경우 문익점이 중국에서 목화씨를 가져오기 전까지 추운 겨울에도 솜옷을 입지 못했습니다. 그러다 현재는 싸고 가볍고 시원하고 따뜻한 옷감들이 많이 생겨났어요. 합성 섬유 덕분이죠. 천연 섬유는 자연에서 거둔 재료로 만들기 때문에 자연스레 다시 자연으로 돌아갑니다만 합성 섬유는 그렇지 못합니다. 플라스틱 쓰레기가 자연으로 순환하지 못하는 것과 같습니다. 화석 연료를 산업에 활용하기 시작하면서 석탄, 석유에서 특정 성분을 뽑아 옷감을 만들게 되었어요. 식물성 섬유보다 훨씬 질기고 가벼운 장점이 있어서 순식간에 퍼져 나갔지요.

제가 어릴 적에 '빨간 내복'이 있었어요. 그 빨간 내복이 바로 화학 섬유인 나일론으로 만든 최초의 내복일 겁니다. 면으로 만든 내복보다 질겨서 오래도록 입을 수 있었죠. 겨울밤에 불을 끈 채 내복을 벗으면 불이 번쩍거리며 쩍쩍 소리 나던 기억이 떠오릅니다. 화학 섬유이다 보니 겨울철 건조할 때 정전기 발생이 많아진 때문이에요. 그러니 피부 건강에 좋진 않았겠지요. 그럼에도 질기고 가벼운 장점 덕분에 빨간 내복 소비는 유행처럼 번져 나갔어요. 한때 첫 월급을 타면 부모님께 빨간 내복을 사드리는 것이 문화처럼 될 정도였으니까요.

생활에 여유가 생기면서 등산, 낚시, 자전거, 골프 등 여가를 즐기는 인구가 늘어났습니다. 그에 따라 기능성 옷들이 개발되었어요. 대부분이 합성 섬유가 소재입니다. 한편에서는 건강한 생활을 위해 천연 섬유로 만든 옷을 찾는 이들도 증가하는 추세입니다. 웰빙 문화의 영향인 거지요. 다만 천연 섬유 가운데 면직물의 원료인 목화를 대량 생산하기 위해 유전자 변형(GMO) 목화를 재배하기도 합니다. 유전자 변형 작물의 위험성은 이미 오래전부터 문제가 되고 있습니다.

의류를 제조하는 과정에서 발생하는 환경 오염도 심각합니다. 의류를 염색하는 과정에서 발생하는 오·폐수도 하천과 지하수를 오염시킵니다. 더 큰 문제는 이렇게 만들어진 옷들이 또다시 쓰레기통으로 들어간다는 거예요.

물건의 홍수 시대에 살고 있다는 것은 집안을 둘러봐도 바로 느낄 수 있어요. 집안이 온통 물건으로 채워져 있지요. 물건을 계속 사들이

기는 하는데 잘 버리진 못해요. 어쩌다 필요할 것 같고 비싼 돈을 주고 샀고 하는 등등의 이유로 말이지요. 집안에서 가장 많은 물건이 쌓인 곳은 그렇다면 어디일까요? 옷장이 아닐까 합니다. 그런데도 막상 계절이 바뀌어 옷을 꺼내 입으려면 입을 옷이 없어요. 여러분은 교복을 입으니 그런 고민이 별로 없나요? 어머니들의 경우라면 부엌 싱크대에도 엄청난 물건들을 보유하고 계실 거예요.

최근에 정리 컨설턴트란 직업이 생겨났어요. 소비 사회와 잘 어울리는 직업이라는 생각이 듭니다. 사람들이 얼마나 많은 물건을 사들이고 그 물건을 처치하지 못해 쩔쩔매는지를 단적으로 보여 주는 게 아닌가 싶어요. 방송을 보니 가정집에서 정리할 때 제일 처치 곤란한 게 옷이라고 하더라고요. 입지 않는데도 언젠간 입을 때가 있을 거란 미련과 비싼 돈을 주고 샀다는 이유 때문에 버리지를 못한다고 해요. 입지도 않으면서 자리만 차지하는 옷을 군이 모아 둘 필요가 있을까요? 사람마다 취향이 다르니 다양한 옷을 입고 싶어 할 수도 있어요. 그럴 때는 친구들과 서로 옷장을 공개하고 바꿔 입고 빌려 입으며 자신만의 독특한 개성을 뽐내 보는 것도 좋을 듯싶습니다.

'더러운 세탁물'이라는 제목의 보고서
2010년 국제 환경 보호 단체 그린피스는 의류 제작 회사들을 상대로 경고 메시지를 보냈다. '더러운 세탁물'이라는 제목의 보고서에서 옷을 만드는 과정에서 나오는 오·폐수가 인체에 치명적이라는 점을 분명히 했다. 그린피스는 이런 물질을 사용하지 말라고 요구했다. 이에 자라(ZARA) 같은 유명 의류 브랜드는 더 이상 유해 화합물을 사용해서 옷을 만들지 않겠다고 선언한다.

③ 음식물 쓰레기

불교의 전통 가운데 발우 공양이라고 있어요. 원래 발우는 스님들
이 밥을 먹을 때 사용하는 네 개의 그릇을 가리키는 말입니다. 밥을 먹
을 때 밥, 국, 반찬을 담아 먹는 그릇이 세 개, 그리고 밥 먹기 전과 먹
은 후 헹구는 그릇이 하나입니다. 발우 공양은 주어진 한 끼 식사를 남
김없이 먹고 그릇에 묻은 찌꺼기까지 깨끗이 닦아서 먹습니다. 따로
설거지가 필요 없지요. 음식물 쓰레기도 남기지 않고 특별히 설거지를
위한 물도 필요 없습니다.

학교에서 급식을 먹을 때나 식당에서 밥을 먹을 때 여러분은 밥과
반찬 등 음식을 남기나요, 아니면 깨끗이 다 먹나요? 내가 좋아하는 음
식이 나올 때는 두세 번 가져다 먹게 되지만 싫어하는 음식은 젓가락
도 대지 않게 되지요. 남겨진 음식은 어디로 가서 어떻게 될까요? 음식
물 쓰레기라는 표현에 대해 불편하게 생각하는 사람들도 있더라고요.
어떻게 음식이 쓰레기가 될 수 있냐고 말이지요.

저는 여러분이 음식의 재료 가운데 하나라도 길러서 직접 만들어 보
는 경험을 한 번쯤 해 보길 권합니다. 음식 재료가 되는 채소를 키우는
일은 몇 계절에 걸쳐 정성을 다해야 하는 일입니다. 음식을 만드는 재
료 하나하나는 농부의 수많은 발자국과 정성으로 만들어집니다. 이뿐
만 아니라 요즈음 농업은 에너지에 의존하지 않을 수 없기 때문에 음
식은 정성이면서 에너지이기도 합니다. 쓰레기에 관한 이 글을 쓰는
동안 어떤 물건이든 보면 '이건 나중에 쓰레기로 남겨질까', '그렇다면

어떤 쓰레기가 될까' 하고 생각하는 버릇이 생겼어요. 그러다 든 생각이 결국 모든 물건은 쓰레기가 될 운명이라는 것을 알게 되었지요. 물건의 그림자는 바로 쓰레기라는 생각이 들었습니다.

쓰레기 가운데 썩는 쓰레기는 종이 쓰레기와 음식물 쓰레기입니다. 그렇다면 언젠가는 자연으로 돌아가는 쓰레기인데 무엇이 문제인 걸까요? 음식물이 생산되기까지의 경로를 한번 생각해 볼까요?

요즘은 따로 제철 과일이나 제철 채소가 없어요. 계절과 상관없이 시장에 나옵니다. 한겨울에 볼 수 있는 채소는 모두 비닐하우스에서 재배됩니다. 비닐하우스 안에서 작물을 재배하려면 에너지가 엄청나게 듭니다. 농약과 비료를 사용하고 트랙터 등의 화석 연료로 움직이는 동력을 이용해 농사를 짓습니다.

내 가족이 먹기 위해 농사를 지을 때와 달리 농산물이 상품이 된 시대에는 농산물도 공산품처럼 규격화됩니다. 정해진 기준 안에 들어오지 못하는 식품들은 소비자를 만나기 전에 버려집니다. 식품이 하나의 상품이 되는 순간 유통 기한이 매겨집니다. 우리 집 텃밭에서 수확한 호박은 시들어 비틀어져도 먹을 수 있지만, 유통 과정을 거치는 시장 시스템에 편입되면 시간의 제약을 받게 됩니다. 그 기간이 지나면 상하지 않고 멀쩡해도 판매할 수가 없어요. 그러기에 쓰레기통으로 들어갑니다. 쓰레기통으로 들어가는 음식은 상상 이상으로 많습니다. 식당이나 급식소 등에서 손님이 남긴 모든 음식은 그대로 쓰레기가 됩니다.

지구에는 하루에 한 끼도 제대로 먹을 수 없는 굶주린 사람들도 많지만 먹지 않고 버려지는 음식물 쓰레기가 넘쳐 나기도 하는 세상이에요. 지구 전체 음식물 가운데 1/3은 버려지거나 유실된다고 합니다. 유엔 사무관이었던 장 지글러가 세계의 절반이 굶주림에 시달리고 있다고 고발했던 것을 상기해본다면, 음식물 쓰레기는 윤리적인 면에서도 생각해봐야 할 것 같습니다. 2010년 환경부 자료에 의하면 우리나라 음식물 쓰레기는 하루 평균 1만 4000톤이라고 해요. 돈으로 환산하면 18조 원에 이릅니다. 여기에는 음식 재료와 만들 때 든 에너지, 음식물 쓰레기 처리 비용이 포함됩니다.

우리나라 가정에서 발생하는 음식물 쓰레기 발생량은 선진국에 비해 많은 편입니다. 4인 가족을 기준으로 해서 1년에 438킬로그램 정도라고 해요. 음식물 쓰레기는 가정과 음식점, 급식소 등에서 나옵니다. 음식물 쓰레기 중 유통과 조리 과정에서 버려지는 음식물이 57퍼센트, 먹고 남는 게 30퍼센트예요. 저장만 하다가 버리는 것도 10퍼센트나 됩니다.

외식이 보편화되면서 음식물 쓰레기가 늘어났어요. 음식을 만드는 곳이 늘었으니 당연히 쓰레기도 늘어나지요. 외식을 할 때는 미리 먹을 만큼만 주문해야 해요. 안 먹을 반찬은 미리 빼 달라고 해야 합니다. 좋아하는 반찬을 더 달라고 말하기 전에 아직 남은 반찬을 마저 먹어서 접시를 깨끗이 비우는 일이 소중합니다. 이미 젓가락이 닿았는데 배가 불러 더 이상 먹지 못할 때는 싸 가지고 옵니다. 그래서 가방 안에 빈 통 하나를 갖고 다니면 요긴합니다. 번거롭지요? 그러나 쓰레기를 줄이는 일을 실천하고 있다고 생각하면 번거롭지만은 않을 거예요. 실천하는 자신이 자랑스러울 수도 있습니다.

냉장고 용량이 커지면서 많은 양의 식품을 사다 냉장고에 넣어 두는 문화가 자리 잡았어요. 물건을 살 때는 기억하지만 일단 눈에 안 보이면 잊게 됩니다. 음식물 쓰레기가 증가할 수 밖에요. 우리나라의 식량 자급률은 23퍼센트 내외입니다. 나머지는 전부 외국에서 들여와요. 이런 현실을 생각하면 음식물 쓰레기를 버리는 일은 엄청난 에너지를 버리는 일이 아닐 수 없습니다.

④ 종이 쓰레기

여러분의 하루를 한번 떠올려 보세요. 아침에 일어나 저녁에 잠들 때까지 우리는 얼마나 많은 종이와 만나나요? 아침에 일어나면 화장실로 갑니다. 볼일을 마치고 휴지를 드르륵 당겨 뜯습니다. 식탁에 앉아 아침밥을 먹다 흘린 반찬을 냅킨으로 닦습니다. 책이며 공책을 잔뜩 책가방에 넣고 등교합니다. 과목이 바뀔 때마다 교과서와 노트를 넣고 꺼내고를 반복합니다. 어느새 점심시간이네요. 얼른 밥을 먹고 운동장에 나가 신나게 공을 찹니다. 그런데 감기 기운이 있는지 콧물이 자꾸 흐르네요. 교실로 들어가 가방에서 휴지를 꺼내 콧물을 닦습니다. 오후 수업 시간에도 역시 교과서와 공책이 번갈아 책상 위로 오르내립니다.

하교 시간에 배가 출출해서 친구랑 햄버거 가게에 들렀어요. 주문한 햄버거가 나와 자리에 앉아 포장지를 벗겨 햄버거를 먹고, 일회용 컵에

든 콜라를 마셨지요. 문방구에 들러 포스트잇과 수첩을 두 권 샀어요. 내일 준비물이거든요. 집에 갔다가 학원 갈 시간이라 다시 가방을 바꿔 챙겨 들고 집을 나섰어요. 현관문 바깥에 광고지가 붙어 있네요. 동네에 유명한 수학 학원이 또 생겼나 봐요. 학원에 가서는 목이 말라 정수기에서 물을 한 컵 따라 마시고 종이컵은 쓰레기통에다 골인시켰죠.

집에 돌아와 자정까지 학교 숙제를 했어요. 문제집도 풀어야 하는데 지난 주말에 빌려 온 만화책을 보고 싶어서 만화책부터 후딱 읽었어요. 다 읽고 나니 졸려서 못다 한 숙제는 아침에 일찍 일어나서 해야지 다짐하며 잠자리에 듭니다.

아침부터 저녁까지 종이가 없는 생활을 상상할 수 있나요? 대체 이 많은 종이가 어디서 나오는지 생각해 본 적 있나요? 우리는 종이를 보며 숲을 떠올리지 못합니다. 몇백 년 전 씨앗 한 알에서 시작된 원시림 어딘가에서 몇 뼘의 작은 땅을 차지하고 자라던 나무였다는 사실을 알 수가 없습니다.

나무는 어떻게 종이가 될까요? 숲에서 나무를 베어 트럭이나 배에 실어 제지 공장으로 운반해서 잘게 자릅니다. 나무의 딱딱한 성분을 제거한 뒤, 섬유질을 부드럽게 합니다. 이걸 물에 녹인 후 망에 걸러서 말리면 '종이'가 됩니다. 오늘날 종이의 질은 대단히 좋습니다. 부드럽고 질기면서도 글씨가 잘 써지지요. 이렇게 질이 좋은 종이를 얻으려면 숲의 희생이 따릅니다. 지금 이 순간에도 원시림의 나무들이 하나둘씩 베어지고 있어요.

종이의 역사는 인간 문명과 함께합니다. 인류는 늘 기록을 남기고 싶어했어요. 돌이나 점토에 그림이나 기호를 적다가 이집트 시대에 와서는 파피루스를 사용했습니다. 지금의 종이와 닮았어요. 양이나 염소 가죽에 기록을 남기기도 했습니다. 우리가 지금 사용하는 종이는 중국의 채륜이 만들었습니다. 채륜은 꾸지나무 껍질로 한지를 만들었어요. 그후 여러 나라로 퍼져 나갔다는 것이 학계의 일반적인 설명입니다. 이때만 해도 종이 제작에는 일일이 사람 손이 필요했어요. 그러다 산업 사회에 접어들면서 모든 것이 바뀌었습니다. 기계화가 되면서 대량 생산이 가능해졌어요. 생산량이 늘어나니 거기에 맞춰 다양한 종이 제품이 등장합니다. 종이 수건, 휴지, 종이컵 같은 일회용품들이 생겼습니다. 이렇게 종이 소비가 늘자 또다시 생산량을 늘리게 됩니다. 그 과정에서 수많은 나무가 베어졌지요.

오늘날 다양한 종이 제품의 원료격인 펄프는 나무로 만듭니다. 숲을 벌목한 뒤 그곳에 다시 펄프의 원료가 될 나무를 심어요. 얼핏 아무 문제가 없어 보입니다. 펄프로 쓰기 좋은 품종만 심다 보니 다양한 종류의 나무가 어울려 자라는 숲 본연의 모습을 잃게 됩니다. 숲이라기보다는 일종의 나무 농장에 가까워요. 단일 품종이라 병충해가 돌면 그 숲은 순식간에 사라집니다. 물론 그렇게 되지 않도록 많은 화학 물질을 그곳에 뿌립니다. 그러니 그곳에 다른 생물이 함께 살 수가 없어요.

숲은 다양한 생물이 모여 살며 건강한 생태계를 만들고 큰비가 내리면 스펀지 역할을 해서 홍수를 조절합니다. 그러나 나무 농장은 더 이상 숲이 아닙니다. 제지회사는 종이 생산에 유리한 품종을 개발합니다. 제초제에 강한 나무, 빨리 자라는 나무, 부드러운 나무 등을 유전자 조작으로 만들어 내요. 그 자체로도 문제지만, 지역 생태계 교란이라는 심각한 문제가 생길 수도 있습니다.

종이로 만든 것들 가운데 사용하지 않아도 충분히 생활이 가능한 것에는 뭐가 있을까요? 저는 일회용품이라고 생각합니다. 특히 종이컵! 정수기 물을 마시고 간식으로 김밥이나 떡볶이 등을 먹을 때도, 음료수를 마실 때도 종이컵을 씁니다. 1년에 우리나라에서 사용된 종이컵은 대략 몇 개일까요? 2012년 기준으로 230억 개로 추정합니다. 이 수치는 자원순환 사회연대가 정기적으로 1년 치 종이컵 사용량을 계산한 값입니다. 일회용 종이컵 사용 규제가 사라진 2008년 이후 매년 급증하고 있습니다. 커피 전문점처럼 종이컵 사용을 많이 하는 가게가 늘어난 것도 이유예요. 그렇다면 종이컵을 재활용하는 방법을 찾아보면 어떨까요?

종이컵을 만드는 펄프는 모두 수입에 의존하고 있어요. 재활용이 제대로 되려면 분리수거부터 제대로 되어야 하는데 종이컵은 1차 분리수거가 안 됩니다. 다른 쓰레기와 함께 버려진다는 거지요. 자원순환 사회연대 조사에 따르면, 종이컵의 재활용 비율은 1퍼센트가 조금 넘습니다. 대부분이 고작 한 번 쓰고 버려지는 거예요.

정부에서는 이런 낭비를 없애기 위해 생산자책임 재활용제도(EPR)를 실시합니다. 소비자가 아닌 생산 기업에서 처리 비용을 책임져야 해요. 예컨대 우유 팩 같은 건 유가공 업체에서 돈을 대서 걷어 갑니다. 문제는 종이컵이 그 대상에서 빠져 있다는 거예요. 쓰는 사람이나 만드는 사람, 그 누구도 쓰레기 문제에 대해 책임을 지지 않아요. 일회용 컵에 대한 컵 보증금 제도 등 제도적 보완이 절실한 시점입니다.

어떻게 하면 종이를 만드느라 사라지는 숲을 최대한 줄일 수 있을까요? 일단 소비를 줄여야 하고 재활용이 활발해져야겠지요. 재생 종이를 사용하는 것도 한 방법입니다. 과거에는 칙칙하고 거칠었지만, 요즘 재생 종이는 새 종이와 구분하기 어려울 만큼 좋아졌습니다. 중요한 건 소비자의 태도입니다. 제지 회사에 재생 종이의 사용을 요구해야 하고, 종이가 제대로 재활용될 수 있도록 분리하여 배출해야 합니다. 휴지 대신 손수건을, 카페에서는 종이컵 대신 머그잔을 사용하는 생활 습관도 숲을 보전할 수 있는 좋은 방법입니다. 무심코 휴지 한 장을 톡 하고 뽑는 순간, 우리는 도끼를 든 나무꾼이 될 수 있습니다. 이는 숲만이 아니라 숲에 살고 있는 뭇 생명 또한 함께 없애는 것인지도 모릅니다.

알아두기

종이로 얼마나 많은 나무가 사라질까?
지구 상에 존재하는 나무는 대략 몇 그루나 될까? 전문가들에 의하면 2015년 기준으로 약 3조 400억 그루의 나무가 있을 것으로 추정한다. 그리고 매년 150억 그루의 나무가 줄어들고 있다고 한다. 지금과 같은 추세라면 우리는 앞으로 200년 후에는 나무를 볼 수 없다. 나무의 40퍼센트 이상이 종이의 원료인 펄프를 만드는 데 쓰인다. 러시아, 캐나다, 인도네시아 등의 원시림이 그렇게 사라져 가고 있다. 우리가 실천할 수 있는 일은 다음과 같다. 종이컵 대신 텀블러! 물티슈나 휴지 대신 손수건! 노트, 메모지 충동 구매하지 않기! 이면

지 꼭 사용하기! 그보다 앞서 해야 할 것은 이런 일은 결코 귀찮은 일이 아니라 나와 내 후손이 지구에서 오래도록 행복할 수 있는 '배려'라고 생각하기!

비닐봉지와 종이봉투, 어떤 게 더 친환경?
보통 비닐봉지는 반환경적이고 종이봉투는 친환경적이라고 생각한다. 그러나 연구 결과는 다르다. 재료, 제작 과정, 운반, 폐기 단계를 모두 살펴보았을 때 종이봉투는 결코 비닐봉지보다 환경에 유익하지 않다. 종이봉투는 나무를 베어야 하고 제작 과정에서 수질 오염을 불러온다. 물론 비닐봉지가 더 낫다는 말은 아니다. 중요한 것은 소비를 줄이는 일이다.

⑤ 전자 쓰레기

전자 쓰레기는 전자 폐기물이라고도 부릅니다. 텔레비전이나 휴대폰처럼 우리가 일상에서 사용하는 가전제품 등이 해당됩니다. 전자 쓰레기들은 그 안에 재활용할 수 있는 부품도 있고 유독성 물질도 있기 때문에 아무렇게나 처리할 수 없습니다.

중국 광동 성의 구이유는 지역 전체가 하나의 거대한 쓰레기장입니다. 세계 각국으로부터 전자 쓰레기를 받아들이기 때문이에요. 그런데 재활용을 위해 수입된 쓰레기들이 지역 주민들의 건강에 심각한 피해를 주고 있습니다. 납, 카드뮴, 다이옥신 같은 인체에 치명적인 물질로 인해 일대의 토양, 하천, 지하수가 오염되었습니다. 대기 오염도 최고 수준이었고요. 여기서 경작된 각종 채소나 가축 등도 중금속 오염에서 자유롭지 못했습니다. 특히 어린아이들에게 심각한 영향을 미쳤다고 해요.

전 세계 전자 쓰레기의 흐름을 보면 북미나 유럽의 것들이 아프리카,

▲ 핸드폰 전자 쓰레기.

중국, 동남아시아 등 가난한 지역으로 흘러들어 가는 모양새입니다. 잘 사는 나라들은 자신들의 환경이 오염되기를 바라지 않기 때문이에요. 쓰레기를 가난한 나라로 옮겨 놓는 일은 반윤리적인 처사입니다.

　기술이 발전할수록 오히려 더 많은 양의 전자 쓰레기가 쏟아져 나올 겁니다. 지금 이 순간에도 전자 쓰레기는 지구 어딘가에 쌓이고 있을 겁니다. 태우기도 하고 땅에 묻기도 하지만 언제까지 그럴 수 있을까요? 지금 가난한 나라에서 벌어지는 오염이 시간이 지나면 전 지구적인 문제가 되지 않는다고 장담할 수 있을까요?

　기업들은 제품을 좀 더 많이 팔기 위해 계속해서 최신 제품을 생산해요. 불과 몇 년 전 제품이 금세 구닥다리로 전락합니다. 컴퓨터와 스마트폰은 보통 2~3년이 교체 주기예요. 유엔 개발 계획(UNDP)에 의하면 이런 식으로 버려지는 쓰레기가 연간 2000만~5000만 톤이라고 합니다.

쓰레기라고는 하지만 실제로 한두 개 부품만 교체하면 한참을 더 쓸 수 있는 제품들이 많습니다. 이런 가전제품들 안에는 다양한 금속 물질이 포함되어 있어요. 잘 처리해서 다시 쓰면 돈이 되지만, 그러지 않고 방치하면 치명적인 오염 물질이 돼요. 잘사는 나라들일수록 전자 쓰레기 처리에 엄격한 규제가 있기에 자국에서 처리를 안 합니다. 가난한 나라들로 쓰레기를 내보내요. 가난한 나라 사람들은 돈이 없으니 쓰레기를 받아서라도 소득을 얻고자 합니다. 이를 재사용하거나 노동력을 이용해 쓸 만한 자원을 분리해 회수합니다. 그 와중에 사람들의 건강을 해치거나 지역 환경이 오염되는 일이 발생하지요. 지금 당장 편리하고 멋진 디자인의 전자 제품들이 결국 우리 인류의 발목을 잡게 될 겁니다.

전자 쓰레기를 줄이는 방법은 어떤 게 있을까요? 디자인이나 유행에 따라 전자 제품을 구입할 것이 아니라 고장이 났더라도 고쳐 쓸 수 있는 환경을 요구해야 합니다. 몇 년 안에 단종시켜 버리고 생산 라인을 중단한 기업을 고발하고 꾸준히 부품을 구할 수 있도록 소비자 운동을 벌이는 것도 하나의 방법입니다.

눈에 보이지 않는 쓰레기들

① 핵폐기물

스리마일, 체르노빌 그리고 후쿠시마, 이렇게 세 지역에는 공통점이 있습니다. 바로 핵발전소 사고입니다. 지금까지 5등급 이상의 핵발전소 사고가 전 세계에 세 차례나 있었지요. 1979년 미국 스리마일 섬의

▶ 고리 핵발전소. ⓒ 김규정

사고를 시작으로 1986년 구소련의 체르노빌, 2011년 일본 후쿠시마에서 각각 사고가 발생했습니다. 사고 이후 수습은 잘 되었을까요? 체르노빌은 사고 발생 30년이 지났지만 여전히 사람이 살 수 없는 땅입니다.

핵발전소의 위험성을 얘기하면 언제나 핵발전소 관련자들은 안전하게 관리하고 있다고 합니다. 핵발전소는 한 사람이 통제할 수 없는 거대 기계입니다. 그리고 세 번의 사고는 그 원인도 다 달랐어요. 그러니 안전하다고 말할 수가 없습니다. 안전은 주장이 아니라 입증하는 것입니다.

핵발전소는 사고가 나지 않은 멀쩡한 상태에서도 저선량 방사선이 나옵니다. 실제로 우리나라 월성 핵발전소 인근 주민들의 몸에서 삼중수소가 꾸준히 검출되고 있고요. 부산 기장의 고리 핵발전소 인근 주민들은 갑상선암 발병률이 타지역보다 높게 나타났습니다. 게다가 꾸준히 나오는 핵폐기물을 보관할 장소 문제도 전혀 논의가 되지 않은

알아두기

핵폐기물의 종류
저준위 핵폐기물: 방사능 세기가 상대적으로 낮은 폐기물이다. 핵발전소의 필터와 작업복, 방사능을 이용하는 병원이나 연구 기관의 폐기물이 여기에 해당한다. 모아서 따로 관리한다.
중준위 핵폐기물: 저준위보다 방사능 수치가 더 높은 폐기물. 방사능에 오염된 플라스틱, 화합물 찌꺼기 등으로 콘크리트나 아스팔트로 봉인한 후 처리한다.
고준위 핵폐기물: 가장 방사능 오염 정도가 심한 폐기물. 핵발전소에서 나오는 폐기물의 90퍼센트 이상을 차지한다.

상태입니다.

핵폐기물은 최소한 10만 년 이상 안전하게 격리해야 합니다. 우리 인간 문명은 고작해야 7000년이라는 사실을 한번 생각해 보기 바랍니다. 그 시간이 가늠이나 되나요? 우리나라에는 핵발전소가 24개입니다. 게다가 서로 밀집해 있어요. 면적 대비, 인구 대비로 치면 세계 최고 수준입니다. 여기서 해마다 핵폐기물이 쏟아져 나와요. 이걸 보관할 장소가 아직 우리나라에는 없습니다. 경주에 중저준위 핵폐기물 처리장이 한 곳 있을 뿐입니다. 그러면 쏟아져 나오는 핵폐기물들은 어디에 있는 걸까요?

각 핵발전소 내에 임시로 저장되어 있습니다. 고준위 핵폐기물의 경우 방사능 농도가 높아서 상당히 위험합니다. 사람들도 그 위험성을 잘 알고 있어요. 그래서 핵폐기물 처리장을 짓겠다고 하면 너나없이 반대합니다. 만약 여러분이 사는 동네에 고준위 핵폐기물 처리장을 짓겠다고 한다면 환영할까요? 우리가 편리하게 쓰는 전기 가운데 대략 30퍼센트 정도는 핵발전소에서 생산됩니다. 애초에 값싸게 전기를 쓸 수 있다고 환영했던 핵발전소인데, 막상 그 과정에서 나온 폐기물은 아무도 책임을 안 져요.

핵은 위험합니다. 후쿠시마 사고로 여전히 그곳은 접근할 수 없는 곳이 되었고 상태는 짐작할 수도 없습니다. 방사능 오염수는 날마다 북태평양으로 흘러나가고 있고요.

핵폐기물을 안전하게 보관하려면 땅속 깊숙이 묻어야 합니다. 누수나, 균열 등이 없는 암반 지역이어야 하고요. 또 비용도 많이 들어요. 현재 안전하다고 여겨지는 핵폐기물 처리 시설은 전 세계에서 오직 한 군데, 핀란드의 온칼로 처리장뿐입니다. 그러기에 현재 우리가 할 수 있는 최선은 더 이상 핵발전소를 짓지 않는 거예요. 아직 핵폐기물을 안전하게 처리할 기술을 가지고 있지 않습니다. 당장 쓸 생각만 하고 뒤처리를 할 능력이 없다니, 정말 어리석은 일 아닌가요? 쓰레기 처리 기술이 없는데도 계속 쓰레기를 생산하는 일은 그만두어야 합니다.

② 이산화탄소

최근 아프리카는 극심한 가뭄에 시달리고 있습니다. 연구에 의하면 이 가뭄이 천재(天災)가 아닌 인재(人災)라고 해요. 바로 기후 변화 때문입니다. 아시다시피 기후 변화의 주범은 온실가스입니다. 그중 이산화탄소가 대표적이지요. 쓰레기 얘기를 하는 자리에서 왜 난데없이 이산화탄소 얘길 꺼냈는지 의아하지요? 이산화탄소도 결국 우리가 쓰고 버린 쓰레기입니다.

산업 혁명 이후 산업화에 박차를 가한 결과 우리 인류는 기후 변화라는 아주 거대한 문제에 직면해 있어요. 지난 100여 년 동안 지구 온도가 0.86도 상승했습니다. 1도도 채 안 되는데 웬 호들갑이냐고요? 지구의 70퍼센트는 물, 즉 바다로 이루어져 있어요. 물은 땅보다 천천히 더워지고 천천히 식습니다. 이런 바다의 온도가 전반적으로 올라가고 있는 거예요. 수온 상승은 지구 생태계에 큰 변화를 불러옵니다. 바다가 뜨거워지니 증발하는 물의 양이 많아지고 이는 허리케인이나 태풍 같은 현상으로 나타납니다.

미국 뉴올리언스를 강타했던 허리케인 카트리나, 필리핀을 덮친 하이옌 등 갈수록 태풍의 위력이 강해지고 있습니다. 바로 지구 온난화 때문이에요. 한쪽에서 이렇게 강한 비와 바람 때문에 고생한다면 다른 한편에서는 가뭄으로 고통받습니다.

지구의 기후가 이렇게 급변한 이유는 바로 우리 인간 때문입니다. 대량 생산과 대량 소비 사회가 지구를 오늘날의 모습으로 바꾸어 놓은 거예요. 공장에서 물건을 만드는 데는 동력이 필요합니다. 요즘은 전기가 그 역할을 하지요. 전기를 생산하려면 발전소를 세워야 하고 석유, 석탄이나 가스 같은 화석 연료를 써야 합니다. 물건을 만들고 운반하는 모든 과정에도 화석 연료가 소비됩니다. 그리고 화석 연료는 대기 중에 이산화탄소를 남깁니다. 그 결과 지구가 계속해서 더워지고 있는 거예요. 우리가 더운 여름 시원하게 지낸 대가이고 추운 겨울을 반소매로 지낸 대가입니다.

이산화탄소는 우리가 사용하는 모든 물건 속에 있다고 해도 과언이 아닙니다. 그리고 그 물건이 쓰레기가 되었을 때도 발생합니다. 물건을 만들고 운반하고 처리하는 전 과정에서 생기는 이산화탄소가 기후 변화를 일으키고 있어요.

③ 우주 쓰레기

요즘은 해외 여행도 자주 가고, 예전보다 비행기를 이용할 기회가 많아졌습니다. 세계인들이 비행기를 이용하는 건수는 얼마나 될까요? 하루 동안 대략 10만 대의 비행기가 뜨고 내린다고 합니다.

그런데 이 항공기에서 발생하는 쓰레기가 상당해요. 승객들에게 지급하는 편의용품 중 대부분이 일회용품입니다. 생수, 종이컵, 휴지, 실내화 등 한 번 쓰고 버리는 것들이에요. 기내식도 모두 일회용품 용기에 담겨 있습니다. 승객 한 명이 한 번 항공기에 탑승할 때마다 1킬로그램 정도의 쓰레기를 만든다는 분석도 있어요. 캐나다 컨설팅 업체 VCMI가 2014년에 발간한 보고서에 따르면 유럽 항공사들이 매년 버리는 음식물의 양이 가난한 나라 20만 명의 끼니를 해결할 수 있는 수준이라고 합니다.

어쩔 수 없다고요? 그렇지 않습니다. 기내식을 현지에서 조달하고 일회용품 대신 재사용이 가능한 제품을 사용하면 어떨까요? 음식물 쓰레기를 줄이기 위해 일부 항공사에서는 기내식을 파는 경우도 있습니다. 필요한 음식만 사서 먹으면 아무래도 덜 남기겠지요. 기내에 쓰레기 분리 시설을 설치하는 곳도 있다고 해요.

저 높은 하늘을 나는 비행기에도 쓰레기가 있듯이 우주에도 쓰레기가 있습니다. 사용을 멈춘 인공위성, 각종 발사체, 우주선에서 떨어져 나온 부품 등이 그것이에요. 우리 눈에 보이지는 않지만 인공위성은 여러분의 삶과 아주 밀접하답니다. 우리가 쓰는 스마트폰, 자동차 내비게이션의 GPS 기능은 인공위성이 보내는 신호로 작동해요. 어때요, 인공위성에 친근감이 느껴지지 않나요? 최첨단 기술의 상징인 인공위성은 갈수록 그 쓰임새가 많아질 전망입니다. 그래서 오늘날 수많은 나라에서 위성을 쏘아 올리고 있어요.

문제는 운행을 멈춘 인공위성입니다. 이들은 어떻게 처리될까요? 별다른 방법이 없습니다. 그냥 두는 거예요. 달리 말하면 인공위성은 쏘아 올리는 순간부터 우주 쓰레기가 될 운명인 거예요.

1958년에 미국에서 쏘아 올린 뱅가드 1호가 그렇습니다. 이 위성은 임무를 마치고 지금은 더 이상 지구와 교신을 하지 않습니다. 그런데도 그냥 궤도에 떠 있어요. 미 항공 우주국(NASA)은 이 인공위성이 2198년까지 지구 궤도에 있을 거라고 했어요. 지금 지구 궤도에는 지름 1센티미터 이상 되는 우주 쓰레기가 50만 개가량 된다고 합니다. 너무 작다고요? 하지만 총알보다 빠른 속도로 지구 주위를 돌고 있다면 문제가 달라집니다. 실제로 우주 쓰레기가 챌린저호 창문에 와 박혔는데 그 충격이 엄청 컸다고 해요. 확인해 보니 그 크기는 고작 1밀리미터 정도였다고 합니다.

현재 지구 주변을 돌고 있는 우주 쓰레기는 대략 6300톤가량 된다고 합니다. 지금 이 순간에도 어디선가 우주로 발사체를 날려 보내고 있어요. 2015년에 지구에서 발사된 위성 수는 263기나 된다고 합니다. 이 위성들은 앞으로 어떻게 될까요? 대부분은 지구 궤도를 도는 우주 쓰레기가 될 겁니다. 해마다 여러 나라에서 인공위성을 쏘아 올릴 테니 우주 쓰레기는 날이 갈수록 늘어날 겁니다. 이렇게 우주 쓰레기가 늘어나니 충돌 사고 확률도 높아질 테지요. 우주 쓰레기는 언제 어디서 흉기로 돌변할지 알 수 없습니다.

국제 우주파편 조정위원회(IADC)라는 곳에서는 이를 막고자 위성 발사국들을 대상으로 다음과 같은 가이드라인을 제시했다고 해요. "저궤도 위성은 수명이 다할 때쯤 고도 600킬로미터 이하로 낮춰 25년 안에 지구 대기권에 진입해 소멸되도록 할 것이며 정지 궤도 위성은 수명이 다할 때 더 높은 고도로 올려 보내 버린다."

또한 유엔 산하 우주 분야 상설위원회인(COPUOS)에서는 세계가 공동체 의식을 가지고 우주 쓰레기에 대한 대책 마련이 필요하다는 입장을 발표했습니다. 하지만 우주 쓰레기에 대한 세계 공동체 차원의 대책을 마련하자는 입장은 각국마다 차이가 있어요.

지금까지 우주 쓰레기의 대부분은 우주 선진국인 미국과 러시아가 발사한 위성으로 인해 증가한 것이기 때문에 이제 위성 발사를 시작하는 국가의 입장에서는 형평성 문제를 제기할 수밖에 없습니다. 그렇다고 우주 쓰레기 문제를 방치할 수도 없는 상황이지요.

우주 쓰레기, 비록 우리 눈에 보이지 않지만 분명히 지구 바깥 어딘가에 있는 쓰레기들을 현명하게 제거할 방법이 하루속히 나오길 바랍니다. 혹시 여러분 중에 우주 쓰레기 문제를 해결하고자 마음먹은 친구는 없나요? 우주와 환경, 두 분야에 관심이 있는 친구라면 적성에도 맞고 좋을 듯싶습니다.

쓰레기의 운명

최근에 40여 년 전 지어진 서울역 고가 도로가 '서울로 7017'라는 이름의 시민 공원으로 탈바꿈했어요. 안전상의 문제로 철거가 계획되었지만 대신 재활용 쪽으로 결정이 내려져 시민들의 휴식 공간으로 거듭나게 되었습니다. 이는 근래에 주목받고 있는 도시 재생의 사례 중 하나입니다. 철거해서 폐건축물 쓰레기를 남기는 대신 새롭게 시민들의 휴식 공간이 만들어진 건 환영할 만한 일입니다.

그런데 서울로 개장 기념으로 설치됐던 슈즈 트리가 논란에 휩싸이기도 했어요. 버려진 3만 켤레의 신발로 만들어진 이 설치물은 오가는 시민들에게 불쾌감을 준다는 게 이유였어요. 낡아 빠진 신발을 전시한 것도 마음에 안 드는 데다, 비가 내려 신발이 젖자 신발에서 나는 냄새가 시민들의 불만이었던 것 같아요. 시민들 항의에 개장 전시 기간이 끝나고 슈즈 트리는 곧장 철거되었어요. 너나없이 모두가 쓰레기 생산자이면서 이렇게 쓰레기가 모여 있는 것에는 혐오감을 느끼는 태도에 대해 여러분 생각은 어떤가요? 어쩌면 한군데 모아 놓은 쓰레기를 보면서 쓰레기에 대해 성찰할 기회를 가져 볼 수는 없었을까 하는 생각이 들기도 합니다.

쓰레기와 관련한 미술 전시 해프닝은 이탈리아에서도 있었답니다. 2015년 이탈리아 보젠 볼자노 미술관에서 일어난 일입니다. 당시 준비 중이던 아방가르드 미술전이 갑자기 취소됐어요. 설치될 미술품이 사라졌기 때문입니다. 알고 봤더니 환경미화원들이 해당 작품을 쓰레기로 착각하고 버린 거예요. '오늘 밤 우리 어디로 춤추러 갈래?'라는 작품으로 작가는 1960년대의 쾌락주의와 부패한 정치를 풍자하고자 이를 만들었다고 해요. 그런데 작품의 재료들이 빈 병, 종잇조각, 심지어 담배꽁초였다고 합니다. 그러다 보니 이런 일이 벌어진 거예요. 미화원들은 전날 파티에서 나온 쓰레기인 줄 알았다고 합니다. 다행히 미술품은 멀쩡했고 나중에 다시 전시할 수 있었다는군요.

쓰레기는 종류에 따라 재활용되기도 하지만 더 이상 재활용이 불가능한 쓰레기들은 소각, 매립됩니다. 쓰레기에서 자원을 되살려 쓰는 재활용은 순환을 의미해요. 세상의 모든 쓰레기가 재활용이 된다면 쓰레기는 애당초 문제가 되질 않았을 겁니다. 현실은 전혀 그렇질 못하죠. 그렇다면 쓰레기들은 어디로 가서 어떤 운명을 맞이할까요?

저는 서울에 살고 있어요. 그런데 제가 버린 쓰레기 가운데 어떤 쓰레기들은 서울시가 아닌 인천시로 가서 묻히기도 하고 또 어떤 쓰레기는 경기도나 충청도로도 갑니다. 어떤 쓰레기들은 소각 시설에서 태워지기도 하고요. 물론 재활용되는 쓰레기도 있지요. 음식물 쓰레기에서 나오는 침출수(음폐수)는 그동안 바다에 버렸는데 2013년 음폐수 해양 투기가 금지된 이후로 서울시의 경우는 하수 처리장에 연계해서 처리하고 있습니다. 이번 시간에는 그것에 대해 좀 더 자세히 알아보려고 해요.

좋은 것은 갖고 싶고 싫은 것은 멀리하고 싶은 심리는 정도의 차이야 있겠지만 누구에게나 다 있는 것 같습니다. 내가 사는 지역이나 마을에 뭔가 좋지 않은 시설이 들어온다고 하면 누구든 반대를 할 거예요. 님비(NIMBY)가 바로 그런 심리를 잘 드러내는 말이죠. 내 집 뒷마당엔 절대 안 된다는 뜻(not in my back yard)으로 혐오 시설이 지역에 들어오는 걸 반대할 때 쓰는 표현입니다. 이기적이라는 의미를 담고 있는 표현이기도 해요. 혹시 이 말이 맨 처음 쓰이게 된 곳이 어딘지 알고 있나요?

1987년 3월 초, 미국 뉴욕 인근 작은 도시 아이슬립에서 있었던 일입니다. 주민들이 버린 쓰레기가 쌓였는데 처리할 방법이 없었어요. 생각다 못해 이 쓰레기들을 배에 싣고 버릴 곳을 찾아 나서기로 했지요. 3000여 톤의 쓰레기를 바지선에 싣습니다. 그리고는 미국의 다른 지역은 물론 멀리 멕시코까지 찾아다녔지요. 그러나 단 한 곳도 받아주겠다는 곳이 없었습니다. 여기저기 떠돌다가 결국 되돌아옵니다. 이때부터 님비라는 말이 생겼어요. 우리 지역에 남의 쓰레기를 들여올 수 없다는 지역 주민들의 주장에 그렇게 이름 붙인 거예요. 그런데 만약 다른 지역 사람이 아니라 우리가 매일같이 쏟아 내는 쓰레기를 고스란히 감당하는 지구는 우리 인간을 어떻게 생각할까요?

폐기물의 분류

환경 관련한 전문 영역에서는 쓰레기라는 말보다 '폐기물'이라는 표현을 일반적으로 씁니다. 폐기물은 배출되는 장소에 따라 부르는 명칭도 달라집니다. 앞에서 쓰레기 종류에 대해 살펴봤는데요. 주로 일상생활에서 많이 배출되는 생활 쓰레기 위주로 알아봤어요. 그런데 우리와 밀접하게 연결되어 있으면서도 사실 우리는 본 적도 없는 폐기물들도 많아요. 우리가 보통 생활 폐기물이라고 부르는 쓰레기는 배출 장소에 따라 크게 가정생활 폐기물과 사업장 폐기물로 나눕니다. 또한 종량제 봉투에 넣어 배출하는 폐기물과 재활용을 위해 분리 배출한 폐기물, 음식물 쓰레기로 구분할 수 있어요.

생활 폐기물은 주위에서 흔히 보는 쓰레기들입니다. 가정은 물론 학교에서 나오는 각종 쓰레기가 여기에 포함되지요. 산업 폐기물은 공장이나 건설 현장 등에서 제품을 생산하고 남겨진 쓰레기입니다. 타고 남은 연료, 오염수, 쓰고 남은 기름, 합성수지 따위가 여기에 해당됩니다. 생활 쓰레기와는 비교할 수 없을 만큼 오염이 상당할 것 같지 않나요?

더 유념해서 봐야 할 쓰레기로 지정 폐기물이란 것이 있습니다. 산업 폐기물 중 환경을 오염시키거나 인체에 해를 끼칠 수 있는 물질을 말해요.

폐기물이 많이 발생하는 장소는 건설 현장, 공장 등입니다. 건설하고 물건을 생산하면서 나오는 폐기물을 줄이는 것이 전체 폐기물을 줄이는 가장 빠르고 확실한 방법이라는 걸 알 수 있습니다. 쓰레기를 어떻게 처리하는가도 중요하지만 더 중요한 것은 쓰레기 발생을 줄이는 일입니다. 물건을 만드는 단계에서부터 폐기물을 줄이려는 노력을 하는 것입니다. 가능하면 최종 폐기물의 양을 줄이고 폐기물의 많은 부분이 재활용, 혹은 재사용될 수 있도록 제품을 만드는 거지요.

폐기물의 처리 방식으로 크게 네 가지가 있는데요. 매립, 소각, 해역 배출, 재활용이 그것입니다. 매립은 땅에 묻는 방법이고 소각은 태우는 방법을 말합니다. 재활용은 쓰레기를 다시 활용하는 방법입니다. 육상 쓰레기의 해역 배출은 세계적으로 '런던 협약'에 따라 금지하고 있습니다. 이에 따라 우리나라도 2013년부터 배출을 억제하고 있어요. 다만 육상 처리가 곤란한 폐기물들 가운데 해양 환경에 유해성이 적고 쉽게 분해, 확산되는 폐기물에 한해서 해양 배출이 허용되고 있습니다.

폐기물들 가운데 플라스틱이나 고철, 비금속 등에서 나오는 독성 물질은 매립을 하든 소각을 하든 모두 문제점을 안고 있어요. 생활 폐기물로 배출되는 음식물 쓰레기의 경우 처리 공정을 거쳐 퇴비화하는 추세입니다. 그러니 재활용이 되는 셈이지요.

매립의 문제점

일본 시코쿠 섬 동편 도쿠시마현 카미카츠 마을의 분리 배출 이야기는 제게 큰 감동을 줬어요. 이 마을에서는 재활용을 위한 분리 배출을 하는 종류가 34가지입니다. '깨끗한 플라스틱', '뜨거운 물로도 제거되지 않는 기름이 묻은 플라스틱' 하는 식으로 같은 플라스틱이라도 오염 정도에 따라 세세하게 구분 지어서 분리 배출을 하고 있었어요. 페트병의 경우에는 반드시 뚜껑을 분리합니다. 카미카츠 사람들이 처음부터 이렇게 분리 배출을 잘했던 건 물론 아니었어요. 그들도 전에는 쓰레기가 쌓이면 소각을 했습니다. 그러다가 그런 행위가 환경을 파괴하고 사람들 건강에 해롭다는 걸 알게 된 거죠. 카미카츠 마을 사람들은 2003년부터 쓰레기 제로(zero waste) 운동을 시작했다고 해요. 마을 쓰레기의 80퍼센트는 재활용되거나 퇴비로 사용합니다. 순환하는 쓰레기인 셈이지요. 나머지는 매립을 합니다. 2020년까지 쓰레기 양을 '0'으로 만드는 것이 이 마을의 목표라고 해요.

미국의 샌프란시스코는 전 세계에서 가장 모범적으로 쓰레기 발생을 줄이는 도시 가운데 하나입니다. 2020년까지 매립장이나 소각장으로 가는 폐기물을 0으로 만들려는 목표를 세우고 있어요. 미국 하면 전 세계 쓰레기의 3분의 1을 배출하는 곳이고 일회용품 천국, 분리 배출 안 하기로 유명한 나라인데 어떻게 샌프란시스코는 이런 성공을 거두었을까요?

샌프란시스코는 자체 매립지를 보유하고 있지 않습니다. 멀리 떨어진 리버모어의 알타몬트 매립지를 이용했어요.(2015년 9월부터 솔라노 카운티의 헤이로드 매립지로 계약 변경됨.) 계약에 따르면 1987년부터 최대 65년간 혹은 최대 1500만 톤의 폐기물을 매립할 수 있는 규모였죠. 그런데 쓰레기 증가량을 보니까 2015년이면 한계치에 다다른다는 예측이 나왔습니다. 얼마나 많은 쓰레기가 그동안 배출되고 매립되었는지 짐작이 가죠? 위기감이 몰려온 거예요. 쓰레기는 계속 생기는데 그걸 어떻게 처리할 것인가에 대한 생각을 하게 된 거고요. 그래서 1989년에 폐기물 관리법을 제정합니다. 2000년까지 반으로 양을 줄일 계획을 세웁니다. 그리고 실제로 그 목표를 거의 달성했습니다. 2017년 9월 기준 쓰레기 발생의 80퍼센트가 줄었고요. 2020년까지 쓰레기 제로가 목표입니다.

샌프란시스코만 동쪽에 위치한 버클리 시의 사례를 잠깐 소개할게요. 이곳에는 에콜로지 센터(ecology center)라는 비영리 단체가 있는데 지속 가능한 환경과 건강에 관한 교육과 세미나를 열고 정책 변화를 위한 로비 활동을 하는 환경 단체입니다. 2009년부터 에콜로지 센터는 농산물 직판장(farmers market)을 운영하면서 비닐봉지와 플라스틱 통을 없애는 운동을 꾸준히 전개해 왔어요. 주민들의 호응 속에 잘 진행되었고 이후 이런 사례가 버클리 시에 비닐봉지 금지 조례를 채택하도록 요구하기에 이릅니다. 2013년에는 비닐봉지를 금지하고 종이 봉투만 유상으로 제공하도록 했는데요. 이렇게 하면 플라스틱 생산자들이 가만

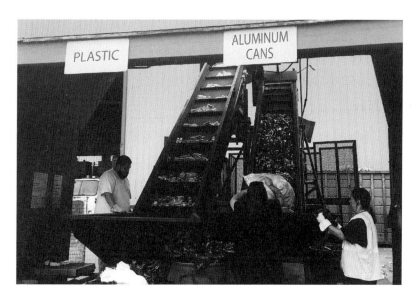

▲ 플라스틱과 알루미늄 캔 등이 잘 분류되어 있는지 에콜로지 센터 직원이 검사하는 장면. ⓒ 문도운

히 있을 리 없겠지요? 그러나 버클리 시 당국은 환경 영향 평가를 통해 종이와 플라스틱 사용의 효과를 비교해 본 뒤 정책 도입을 결정합니다. 이 단체가 꾸준히 벌이는 교육과 캠페인에 자극받은 다른 도시들도 유사한 조례를 채택하기 시작했어요. 조례를 통해 폐기물 관리 체계를 다양화합니다. 가령, 초기에 쓰레기를 줄이기 위해 식품 서비스업에서 재활용 가능한 소재 또는 생분해성 소재를 사용하도록 하는 조례가 대표적입니다. 그뿐 아니라 기업들의 참여도 독려했습니다. 쓰레기를 적극적으로 줄이기 위해 인센티브 제도와 적극적인 교류를 통해 재활용과 퇴비화 문화를 조성하는 등 온갖 노력을 시도했어요. 결국 이런 움직임

들은 캘리포니아 차원에서 법령을 도입하는 계기가 되었다고 해요.

사람들의 선한 의지만으로는 지속적으로 어떤 목표를 이룬다는 것이 결코 쉽지 않습니다. 그러기 때문에 사람들이 행동으로 옮기고 세상의 변화를 가져오기 위해서는 정책도 한 축으로써 역할이 반드시 필요합니다. 그렇다면 샌프란시스코는 어떻게 선진적인 정책을 도입할 수 있었을까요? 단지 환경 단체의 노력만으로 가능했을까요? 그 대답은 바로 시민입니다. 환경 단체에 호응하는 시민들이 없었다면 불가능했겠지요. 시민들이 정책 결정자들에게 지속 가능성에 대한 정치적 의지를 높이도록 요구했습니다. 또 하나 요인으로 쓰레기 매립의 고비용이었어요. 앞서 언급했던 알타몬트 매립지가 예상보다 훨씬 빠르게 가득 찼기 때문에 새로운 매립지를 찾고 계약을 새로 하는 과정에서 비용이 올라간다는 데 주목했던 거지요. 무엇보다 쓰레기 문제는 발생 단계에서 줄이는 것 말고는 해결 방법이 없습니다. 샌프란시스코 시민들의 선택은 무척 현명했습니다.

우리의 경우를 한번 살펴볼까요? 서울시의 쓰레기는 더 이상 서울시에서 수용하지 못하고 인천시에 있는 수도권 매립지로 갑니다. 현재 월드컵 경기장이 있는 상암동이 과거에는 쓰레기 매립지인 난지도였어요. 난지도는 1978년 서울시의 쓰레기 매립장으로 지정된 이후 15년간 무려 9200만 톤의 쓰레기를 묻었습니다. 그러는 사이 메탄가스와 침출수 등으로 환경이 악화되자 다른 매립지를 찾게 되었죠. 결국 수도권 매립지로 서울 쓰레기가 가게 된 겁니다. 난지도 매립지가 포화

상태가 되는 경험을 통해 서울 시민들이 쓰레기 문제를 새롭게 인식하는 계기가 되었다면 얼마나 좋았을까요. 서울시의 쓰레기를 인천에 있는 수도권 매립지에 가져다 버리는 일은 아무리 생각해도 윤리적인 행위는 아닌 것 같아요. 매립지 포화라는 공통의 어려움에 봉착했을 때 어려움을 회피하느냐 적극적으로 그 어려움을 극복하느냐의 갈림길에서 샌프란시스코와 서울시는 굉장히 다른 길을 갔습니다.

매립지 얘기가 나온 김에 사례 하나만 더 얘기해 볼게요. 싱가포르에 가 본 적이 있는데요, 그곳의 첫인상은 굉장히 깨끗한 도시라는 거였어요. 거리에 침을 뱉어도 벌금이 꽤 무겁다는 얘기가 있을 정도로 도시를 깨끗이 하는 데 노력합니다. 싱가포르는 서울시와 비슷한 면적에 인구 밀도가 높은 나라입니다. 그러다 보니 환경 문제에 직면하게 되었는데 가장 큰 문제가 쓰레기였어요. 그들은 그동안 쓰레기를 어떻게 처리했을까요?

1960년대만 해도 쓰레기를 도시 외곽의 늪에다 갖다 버렸어요. 동남아시아는 고온 다습한 기후로 쓰레기가 쉽게 상하고 그렇게 되면 악취가 심하잖아요. 그래서 곧장 가까운 데다 버린 거예요.

싱가포르 경제가 성장하자 그에 맞춰 쓰레기 양도 증가했어요. 1972년 60만 톤이던 쓰레기는 2008년에는 597만 톤으로 거의 10배로 늘어납니다. 싱가포르 정부는 곧 문제의 심각성을 깨달았어요. 배출되는 쓰레기 중 재활용되는 것들을 골라내고 태울 수 있는 것들을 골라 소각장으로 보냈습니다. 태우고 나면 재가 남는데 이 재도 처리해야 했어요. 그래서 싱가포르 환경청은 유럽과 일본 사례를 본보기 삼아 이 재로 세마카우 섬 주변을 매립하기로 결정합니다. 1999년부터 2045년까지 매립할 예정인데 그 과정에서 환경 보전 노력도 함께하고 있습니다. 해양 생태계를 새롭게 조성하고 매립과 공사로부터 산호를 보호하는 일에 신경을 쓰고 있어요. 매립이 끝난 곳에는 맹그로브 나무를 심어 침식과 해일로부터 보호하고 해양 생물에게 서식 환경을 제공합니다. 세마카우 매립지는 자연 생태 탐방 프로그램으로도 인기가 높아요. 세계에서도 성공한 사례입니다. 우리도 참고할 만해요.

매립하는 쓰레기는 결국 국가가 그 책임을 떠안게 됩니다. 폐기물 처리 회사에 위탁했다고 해도 기간은 한정될 수밖에 없어요. 그 이후는 해당 지방 자치 단체나 중앙 정부가 책임져야 합니다. 결국 세금이 쓰이게 될 겁니다. 또 하나의 문제는 해마다 넘쳐 나는 쓰레기를 매립하기 위해서는 땅이 계속 필요하다는 겁니다.

서울시의 경우 쓰레기는 인천시에 있는 매립지로 가는데 그 양이 하루 160만 톤이 넘어요. 이 매립지는 2025년까지 사용 가능하며 이후에는 새로운 방법을 모색해야 합니다. 계속 쓰레기를 묻을 땅을 찾는 일이 과연 가능한 일일까요? 서울시는 나름대로 추진단을 만들어서 대안을 모색 중입니다. 다른 지역도 크게 사정이 다르지 않을 겁니다. 매립지 확보에는 한계가 있고 쓰레기는 지속적으로 쏟아져 나올 테고, 결국 쓰레기 대란이 생기지 않을까요? 그러니 우리는 어떤 선택을 해야 할까요?

쓰레기 소각과 오염 물질

매립과 함께 많이 하는 쓰레기 처리 방식으로 소각이 있어요. 소각은 말 그대로 쓰레기를 태우는 것인데요. 서울의 경우 소각장이 네 군데 있습니다. 소각장으로 가는 쓰레기는 대부분 종량제 봉투에 버려진 것들입니다. 소각장에서 쓰레기를 태워 나오는 에너지로 주변 지역은 지역난방 혜택을 봅니다. 그런데 종량제 봉투 안에 들어가는 쓰레기를 잘 살펴보면 재활용으로 분리 배출할 수 있는 종이나 음식물 쓰레기 등이 50퍼센트 이상 포함된 채 버려지고 있어요. 쓰레기 양도 줄이고 자원도 재활용할 일석이조의 기회를 놓치고 있는 셈입니다. 자원이 순환되는 도시를 만들려면 가정에서부터 분리 배출이 제대로 이루어져야합니다.

쓰레기를 소각하는 과정에서 크고 작은 부작용이 따르기도 합니다. 소각장은 쓰레기를 태우는 곳이기 때문에 자칫 관리가 소홀할 경우 바람을 타고 날아오는 냄새로 지역 주민들이 악취에 시달리며 고통을 호소하기도 합니다. 소각장뿐만 아니라 SRF 발전소라고 있어요. 단순히 쓰레기를 태우는 소각장과는 달리 폐비닐, 폐플라스틱, 폐타이어, 폐목 등으로 만든 고형 폐기물 연료를 태워서 전기를 생산하는 발전소인데요. 그 과정에서 기준치 이하라고는 하지만 관리여부에 따라 황산화물, 질소산화물, 일산화탄소, 염화수소 같은 물질들이 지역 주민들에게 노출될 수도 있습니다. 에너지 순환 측면만 놓고 보면 효율적이고 합리적인 설비 같지만 한계가 없을 수는 없습니다. 폐비닐, 폐플라스틱 등을 잘게 부수어 고형 연료로 만들어도 쓰레기라는 사실에는 변함이 없으니까요.

생활 쓰레기는 지자체 안에서 처리하는 게 원칙인데 비해 고형 폐기물 연료를 만드는 폐타이어, 폐목 등은 지역 간 이동이 가능합니다. 멀리 제주도의 폐자원, 심지어 일본의 방사능 폐타이어까지 들여올 수 있어요. 소각장은 '폐기물 관리법'의 적용을 받지만 SRF 발전소는 예외입니다. '자원 절약과 재활용 촉진에 관한 법률'에 적용을 받기 때문에 정부 지원도 받고 인허가가 쉬워서 사업장이 늘 수밖에 없어요. 폐자원 처리 비용을 받고 이를 통해 만든 전기도 팔 수 있으니, 민간 업체로서는 황금 사업일 수밖에 없습니다.

문제는 아까 얘기했듯이 대기 오염 물질과 유해 중금속 물질 배출입니다. 국립 환경 과학원의 자료는 SRF 발전소의 환경 위해성이 기존 화력 발전소보다 더 클 수 있다는 것을 보여 주고 있어요. "SRF 사용 시설은 대기 오염 물질 배출 허용 기준이 일반 소각 시설과 동일하지만, 오염 물질 배출량이 많다"며 "대기 오염 배출 허용 기준은 최소한의 안전 수치를 지키자는 것이지 인체에 무해하고 안전하다는 얘긴 아니다"라고 되어 있습니다. 쓰레기를 태워서 에너지를 얻게 되는 걸 신재생 에너지에 포함시키는 것에 대해 여러분 생각은 어떤가요? 이게 과연 지속 가능한 에너지라고 생각이 되나요?

2008년 환경부는 저탄소 녹색 성장과 기후 변화 대응을 위하여 폐자원 에너지화 계획을 수립했어요. 2030년까지 전체 신재생 에너지 보급률을 11퍼센트로 늘리고 그중 7퍼센트를 폐자원을 이용한 에너지로 보급하겠다고 했으나 현재 1퍼센트 미만입니다. 그 때문인지 환경부는 SRF 발전소를 전국에 확산시키려고 합니다. SRF 발전소를 신재생 에너지에 포함시키느냐를 두고 오래전부터 논란이 있었어요. 우리나라의 신재생 에너지는 신에너지와 재생 에너지를 통틀어 부르는 용어로 자연에서 얻는 태양광, 풍력, 지열 등 뿐만 아니라 수소, 연료 전지, 석탄 가스화 등 새로운 에너지 기술과 폐기물 에너지도 포함하고 있습니다. 하지만 화석 연료를 기반으로 하는 폐기물을 신재생 에너지로 볼 수 있을까요?

선진국은 생분해성을 기준으로 신재생 에너지 여부를 따집니다. 자연 상태에서 분해가 가능하냐 아니냐를 보는 거죠. 그런데 우리나라는 그때그때 다릅니다. SRF 같은 폐기물을 이용한 에너지도 신재생 에너지에 포함시켜요. 그러니 통계상 신재생 에너지 비율은 높아지지만, 내용을 놓고 보면 친환경적이지 않은 것도 포함됩니다. 2015년 정부가 발표한 신재생 에너지가 비중은 4.62퍼센트입니다. 그런데 국제 에너지 기구(IEA)에서 발표하는 수치는 이보다 훨씬 낮은 1.5퍼센트예요. 국제 기준은 화석 연료를 기반으로 한 폐기물을 재생 에너지로 보지 않기 때문이지요. 전국에 추진 중인 SRF 발전소가 '친환경 에너지'라는 용어를 사용하며 폐기물이 마치 친환경인 것처럼 주민들을 호도하고 있습니다. 이 점을 바로잡기 위해 친환경 에너지 범주에서 폐기물 에너지를 제외시키는 내용이 2017년에 입법 발의되었습니다.

미세 먼지에 대한 국민 우려와 불안이 높아지고 있는 시점에서 미세 먼지 배출을 최대한 억제하고 오염 물질 배출 시설을 늘리지 않는 것이 정책의 우선순위가 되어야 합니다. SRF 발전소 장려 정책은 전면 재검토되어야 합니다. 나아가 폐기물 정책에 대한 전환도 이뤄져야겠지요. 폐기물 처리에 대한 가장 효과적이고 합리적 방안에 대한 사회적 논의가 필요합니다. 폐기물 소각보다는 자원 절약, 재활용과 순환 등의 방법으로 삶의 패턴을 바꾸는 일이 먼저라는 것은 이미 유럽 여러 나라와 샌프란시스코 등의 사례에서 충분히 알게 되었습니다.

쓰레기는 개개인의 문제기도 하지만 들여다보면 보다 근원적인 문제는 사회 시스템입니다. 현재 제도적으로 쓰레기 발생을 줄이기 위해서는 제품을 생산 단계에서부터 폐기물을 최소화할 수 있도록 고려해야 합니다.

폐기보다는 재활용

연탄을 본 적이 있나요? 과거에 연탄은 우리 주거 문화에 없어서는 안 될 요긴한 에너지원이었어요. 겨울철 난방을 담당했던 연탄은 불완전 연소할 때에 일산화탄소가 나옵니다. 잠을 자는 동안 방으로 새어 들어온 일산화탄소를 흡입해서 심한 경우는 목숨을 잃기도 했어요. 그러나 음식을 만들고 방을 따뜻하게 덥혀 주던 연탄은 서민들에게 겨울 필수품이었지요. 게다가 겨울날 눈길이 얼어 미끄러워지면 길에 뿌려서 안전하게 다닐 수 있도록 하는 데 연탄재가 큰 역할을 했습니다.

연탄은 석탄으로 만드는데 우리나라에는 한때 석탄 광산이 많았어요. 주로 강원도 태백산맥에 위치한 태백과 고한 등을 중심으로 말이지요. 이제 그곳 광산은 모두 폐광이 되었어요. 그런데 서울에 광산이 생겼다는 소문이 들리더라고요. 바로 '서울 도시 광산'입니다. 산속에 있는 광산이 아니라 도시에서 광산이라니, 이상하지 않나요?

도시에서 캐내는 광산이라면 어떤 것을 캘 수 있을까요? 도시에서 발생하는 물건들을 떠올려 보면 됩니다. 폐휴대폰, 폐PC, 폐가전제품 등에서 금속 자원을 회수하여 재활용하는 것이 바로 도시 광산입니다.

서울시에서는 2009년 서울 도시금속 회수센터(seoul resource center, SR센터)를 설립합니다. 이를 통해 가정에서 발생하는 소형 폐가전제품을 수거하여 선별하고 분해한 후 재활용 처리합니다. 현재 폐가전제품 등에서 발생하는 자원을 고철, 알루미늄, 폐합성수지, 기타 비철(구리, 잡선 등) 등 재질별로 분류한 뒤 다시 재활용 업체에 판매하고 있어요. 버려진 폐기물에서 다시 원료를 찾으니까 광산이라 할 만한 거지요?

▲ 서울 도시금속 회수센터 홈페이지.

서울 도시금속 회수센터는 폐기물 중간 재활용 업체로 폐기물 재활용 시설을 갖추고 중간 가공 폐기물을 만들고 있어요. 각 재질별 최종 재활용은 폐기물 최종 재활용 자격을 가진 업체에서 재활용되고 있고요. 2016년도에만 폐가전제품 2822톤, 폐휴대폰 3만 2000대를 재활용 했습니다.

거리마다 한 집 건너 있는 커피 가게에서 쏟아져 나오는 커피 찌꺼기도 폐기물 가운데 하나입니다. 커피는 음식물이지만 커피 찌꺼기는 음식물 쓰레기가 아니라 생활 폐기물로 분류되어 종량제 봉투에 넣어서 배출해야 해요. 실제로 커피콩에서 우리가 커피로 추출하는 양은 1퍼센트 정도라고 합니다. 그러니 에너지를 들여 키운 커피를 거의 대부분 버리는 셈이지요. 게다가 커피 가게가 많이 생긴 만큼 쏟아져 나오는 찌꺼기 양도 상당합니다. 이런 커피 찌꺼기가 펠릿으로 재활용됩니다. 펠릿은 에너지원으로 쓰이는 연료입니다. 재활용에 관한 좀 더 자세한 내용은 다음 강의 시간에 이어서 하겠습니다.

알아두기

서울 도시금속 회수센터(SR센터)
소형 폐가전제품을 처리하고자 서울시에서 설립한 기구. 서울시 산하 지자체에서 발생하는 가전제품, 휴대폰, 사무기기 등을 모아서 분해, 재처리한다. 이를 위해 주택이나 지하철역, 주민센터 등 관공서에 수거함을 설치했다. 재처리한 수거물은 다시 가전제품 재료로 판매한다.

여섯 번째 강의

재활용 이야기

미국에서는 해마다 추수 감사절 다음날 블랙프라이데이 행사를 합니다. 이때부터 크리스마스까지 거의 한 달 동안 쇼핑 시즌이 이어져요. 적자(red figure)가 흑자(black figure)로 바뀐다고 해서 블랙프라이데이라고 해요. 이 기간 이루어지는 소비가 미국 연간 소비의 약 20퍼센트를 차지합니다. 그런데 이때 어느 기업에서 다음과 같은 광고를 합니다.

"이 재킷을 사지 마세요! 필요하지 않다면 말이죠."

견물생심이라고 물건을 보면 필요 없어도 디자인이 예쁘거나 값이 싸다거나 이런저런 이유로 사고 싶어지는 게 사람의 마음입니다. 그런데 물건을 팔아서 이윤을 추구하는 기업이 저런 광고를 했다면 믿어지나요? 그런데 이것은 사실입니다. 파타고니아의 광고였습니다. 파타고니아는 친환경 아웃도어 브랜드입니다. 이 광고 카피는 사람들의 시선을 끌었습니다. 부정적인 카피 덕에 오히려 광고 효과를 톡톡히 본 셈이지요.

이 회사의 창업자인 이본 쉬나드는 어릴 적부터 서핑, 암벽 등반 등 아웃도어 스포츠를 즐겼다고 합니다. 직접 자기가 필요한 물건들을 만들다가 아예 회사를 차린 거예요. 그런데 어느 날 암벽 등반 장비인 강철 피톤이 암벽을 훼손한다는 사실을 알게 된 쉬나드는 즉시 제작을 중단합니다. 당시 강철 피톤은 회사 매출의 절반을 차지하고 있었어요. 사업가로서 쉽지 않은 결정이었지요. 그러나 그는 스스로에게 질문을 던집니다. '나는 왜 이 일을 하는가?', '암벽을 훼손하면서 돈을 버는 일이 과연 내가 하고 싶은 일인가?'라고 말이지요. 그리고 그는 깨닫습니다. 우리 인간은 먹고살기 위해 자연을 이용하면서도 자연을 훼손하고 있다는 사실을요. 지구가 죽어 버리고 나면 우리는 아무것도 할 수 없다는 사실도 깨닫고는 당장의 이윤보다는 인간과 자연을 생각하는 윤리를 더 소중히 생각하게 되었습니다.

그 후로 파타고니아의 목표는 최고의 아웃도어를 만들되 환경 피해를 일으키지 않겠다는 것과 환경 위기에 대한 해결 방안을 수립하고 실행하기 위해 비즈니스를 활용한다는 것이 되었어요. 이 회사는 면화를 생산하는 데 엄청난 양의 독성 물질이 농약으로 사용된다는 사실을 알고 나서 100퍼센트 유기농 면화만으로 제품을 만듭니다. 버려진 페트병에서 섬유를 만들기도 하고 의류 쓰레기를 재활용하기도 합니다.

파타고니아는 새로운 프로젝트를 또 하나 실험하고 있어요. 바로 옷을 수선해서 입는 거지요. 아무리 옷이 친환경 제품이라 해도 지구에

여섯 번째 강의
재활용 이야기

145

부담을 주고 결국은 쓰레기가 됩니다. 그래서 적어도 10년 이상 옷을 입자는 제안을 소비자들에게 하는 거예요. 망가진 옷은 고쳐 입고 재활용하여 오래오래 입자는 거지요. 이렇게 하면 기업이 망하진 않을까요?

이 회사는 전 세계를 강타한 금융 위기 때도 계속 성장합니다. 현재 미국 내 아웃도어 브랜드 중 수위를 다투고 있고요. 자신들의 철학을 실천하고자 매출의 1퍼센트를 지구에 내는 세금이라는 명분으로 환경 기금으로 내놓고 있습니다. 통상적으로 느끼는 기업의 이미지와는 많이 다르지요? 환경 문제가 전 지구적인 문제가 되면서 더 이상 환경을 외면한 채 이윤만을 챙기려는 기업은 점점 살아남기가 어려운 세상이 되어갈 겁니다. 자원이 무한정 있다는 전제하에 운영되는 기업이 아니라, 제한된 자원으로 환경에 부담을 최소화하는 그런 기업이 많아질수록 지구에서 우리의 삶은 좀 더 안정적이고 다른 생명들과 조화로울 수 있을 거예요. 그러기 위해서는 소비자가 먼저 환경, 생태 문제에 눈을 떠야겠지요. 그래서 기업을 선택할 수 있어야 함은 물론입니다.

명품으로 변신한 쓰레기

우산을 가져오지 않은 날, 갑자기 쏟아진 폭우에 가방이 다 젖었던 경험이 혹시 있나요? 비가 갑작스레 많이 내릴 때는 우산이 있어도 별로 소용이 없긴 해요. 저는 비가 퍼붓듯 쏟아지던 와중에 취소하기 어려운 약속이 있어서 30분 정도를 걸었던 적이 있어요. 천으로 만들어진 가방이 다 젖은 건 말할 필요도 없고, 가방 안에 든 물건들까지 죄다 젖어 버렸더라고요. 만년필로 메모를 한 수첩은 잉크가 번져 글씨를 알아볼 수 없는 지경에 이르렀어요. 함께 들어 있던 책도 다 젖어서 한 장씩 떼어서 말리느라 고생을 좀 했던 기억이 납니다.

전에는 산행을 하다가 비를 만나면 참 난감했어요. 여름이었는데도 미처 우비를 챙기지 못해 비에 옷이 다 젖으니 체온이 떨어져서 얼마나 춥던지요. 그래도 옷은 말리면 되지만 배낭 속에 든 물건이 젖으면 일이 좀 꼬이게 됩니다. 그렇게 비에 가방이 젖어서 몇 번 난처했던 경험을 하면서도 저는 방수 가방에 대한 생각은 한 번도 못 해 봤는데, 어떤 이들은 그 경험으로 세계적인 가방 브랜드를 만들어 내기도 했어요. 그것도 재료를 재활용해서 말이지요.

'프라이탁(FREITAG)'이라는 가방 회사가 있습니다. 방수포를 재활용한 제품으로 유명해요. 창업자인 마커스와 다니엘 프라이탁 형제는 날씨에 영향을 받지 않고 기능성도 뛰어난 가방을 찾고 있었대요. 자전거를 타고 다녔는데, 비가 와도 젖지 않는 가방이 필요했던 거지요. 그러다 문득 창밖 도로 위를 질주하는 트럭이 눈에 들어옵니다. 화물 위를 방수포가 덮고 있었지요. 이들은 여기서 영감을 얻습니다. 근처 공장에서 방수포를 가져와 직접 가방을 만들었어요. 처음엔 자기들이 쓸 가방을 만들었고, 나중엔 친구들에게 선물까지 했지요. 이 가방이 바로 '프라이탁'이에요. 이들의 첫 모델은 뉴욕 현대 미술관에 소장돼 있다고 합니다. 이 가방의 재료는 화물칸을 덮던 방수포와 폐자전거 고무 튜브 그리고 폐자동차 안전벨트, 이렇게 세 가지입니다. 쓰레기통으로 들어갈 뻔한 재료들로 멋진 제품을 만든 거예요.

이들은 재료를 구할 때 매우 까다롭습니다. 5년 이상 트럭과 함께 수천 킬로미터를 달린 방수포여야 하고요. 파손되지 않은 상태면서도 개성을 표현하기에 적절한 프린트가 있어야 해요. 그래서 이 회사 가방에는 얼룩이나 접힌 자국이 있습니다. 그럼에도 비싼 가격에 팔려요. 세상에서 오직 하나밖에 없는 가방이기 때문입니다. 세계적인 명품 브랜드로 성장한 가방의 재료가 쓰레기였다니 대단하지요?

▲ 프라이탁에서 만든 가방. ⓒ 최윤정

자원 순환을 위한 제도

제품이 만들어져 쓰이다가 결국 버려져 쓰레기가 되는 과정은 한쪽 방향을 향한 화살표인 셈입니다. 종착지는 쓰레기고요. 그런데 쓰레기가 되려던 물건을 되돌려 다시 쓰이게 만든다면 순환하는 거지요. 바퀴처럼 계속 굴러갈 수 있습니다.

순환시키는 방법에는 여러 가지가 있어요. 원료를 다시 활용하는 재활용, 제품을 세척 등의 방법을 거쳐 그대로 다시 쓰는 재사용, 쓰레기가 될 뻔한 것을 한 단계 업그레이드시켜서 활용하는 업사이클링(새활용) 등이 있어요. 아, 그러고 보니 입다 해진 옷을 걸레로 쓰는 것과 같은 다운사이클링도 있네요! 쓰레기로 버려지기 전에 되살려 쓴다는 것은 중요합니다. 오늘은 물건이 쓰레기가 되지 않고 어떤 식으로든 다시 쓰이는 방법에 대해 살펴보려고 해요.

만약 프라이탁 형제 머리에 번뜩이는 아이디어가 없었다면 트럭의 방수포는 몇 년간 쓰이다가 결국 쓰레기가 되었겠지요. 그런데 세상 사람들 모두가 이런 아이디어를 계속해서 생각해 낼 수는 없어요. 보

알아두기

새활용
버려지는 자원에 디자인을 더하거나 활용 방법을 바꿔 새로운 가치를 만들어 내는 업사이클링(upcycling)의 우리말이다. 물건을 처음 만들 때부터 환경과 자연을 생각하며 쓸모가 없어진 후까지 고려하는 것, 물건을 가치 있게 오래 사용하도록 의미를 담아 만드는 것까지. '새활용'은 환경을 지키고 자원 순환을 실천할 수 있는 자원 순환의 새로운 방법이다.

여섯 번째 강의
재활용 이야기

다 중요한 것은 제품을 만들 때부터 최대한 쓰레기를 남기지 않고 다시 활용될 수 있도록 고려해서 생산을 하는 겁니다. 재활용 가능한 재질을 사용한다든가 재활용이 쉽도록 제품을 만드는 등의 방법이 있겠지요. 또 유해한 성분을 최소화해서 다시 사용해도 전혀 문제가 되지 않도록 하는 겁니다. 제품의 원료로 재활용 원료를 적절하게 사용하는 것을 제도화하는 것도 중요한 방법이겠지요.

제품을 생산한 기업이 제품이 폐기된 이후에도 재활용을 의무화하도록 하는 생산자 책임 재활용제(EPR: extended producer responsibility) 같은 것들이 바로 그런 생각에서 출발한 제도들입니다. 물건을 생산하는 기업은 제품을 생산하여 판매하는 시점까지만 책임을 지고 사용 후 발생하는 폐기물은 소비자의 책임이던 때가 있었지요. 생산자 책임 재활용 제도는 이런 제도에서 한발 더 나아가 생산, 판매뿐만 아니라 폐기 단계에서 재활용까지 기업에게 책임을 지우는 제도입니다. 포장재에 한정되어 있다는 점이 아직은 제한적이긴 합니다만. 기업이 생산한 제품을 소비자들이 폐기하고 난 이후 포장재들을(일정 부분이긴 하나) 되가져가서 재활용해야 합니다. 만약 이를 어겼을 경우 재활용할 때 들어가는 비용 이상의 재활용 부과금을 생산자에게 부과하게 됩니다. 빈 용기 보증금제와 분리 배출 표시 제도도 이러한 재활용(혹은 재사용)을 활성화하기 위한 방법들입니다.

환경성 보장제(EcoAs)도 있습니다. 환경성 보장제란 전기·전자 제품, 자동차 등을 생산 단계에서부터 유해 물질 사용을 억제하고 차후에 재활용이 쉽게 가능하도록 하는 제도입니다. 폐기물을 적정하게 재활용하도록 해서 자원을 효율적으로 이용하는 자원 순환 체계인 거지요.

폐기물 부담금 제도
환경과 인체에 해로운 물질을 사용해서 제품을 만들 경우 그 처리 비용을 제조사가 부담하는 제도. 이렇게 해서 걷은 돈은 환경 개선 정책과 각종 자원 재활용 사업에 쓰인다.

폐기물은 훌륭한 자원

우리나라는 자원의 대부분을 수입에 의존합니다. 이렇게 수입한 자원이 나중에 쓰레기로 변해요. 그런데 매립 혹은 소각되는 폐기물 가운데 절반 이상이 재활용이 가능한 자원입니다. 경제적으로 보나 환경적으로 보나 낭비가 심각한 상황인 거지요.

이와 관련해서 독일 사례를 보면 배울 점이 많습니다. 독일은 상대적으로 천연자원이 부족한 나라입니다. 우리나라와 사정이 비슷해요. 그런데 독일 사람들이 가장 중요한 자원으로 여기는 게 뭔지 아나요? 바로 폐기물입니다. 독일 폐기물 산업은 재활용을 통해 탄소 배출도 크게 감축하고 있습니다. 특히 재활용되는 포장재 비율이 높습니다. 2010년 기준으로 85퍼센트를 재활용하고 있어요. 유럽 연합의 가이드라인인 50퍼센트를 크게 앞지릅니다.

유리 재활용률은 2011년 기준 63퍼센트입니다. 전체 유리병의 60퍼센트는 이미 사용됐던 유리 파편으로 생산되고 있어요. 유리 색깔에 따라 비율에 차이가 있는데 재활용이 많게는 90퍼센트에 달하기도 합니다. 사실 유리병은 다른 소재와 달리 여러 번 재사용해도 전혀 손색이 없어요. 색깔별로 구분해서 배출한다면 유리병을 부수고 녹여 다시 모양을 만드는 데 들어가는 에너지 낭비 없이 30~40번도 넘게 다시 사용할 수 있습니다. 우리는 유리병이면 한꺼번에 배출을 하지만 독일, 스위스를 비롯한 유럽에서는 병을 색깔별로 분리해서 배출하더군요. 그래야 녹여서 재활용할 때 훨씬 편리하니까요.

우리나라에도 빈 병 재사용을 장려하는 빈 병 보증금 제도가 있습니

◀ 독일 제스테텐(Jestetten)에 있는
한 쇼핑센터(LANDQUART) 안에 설치된
분리배출 쓰레기통. ⓒ 최윤정

다. 사실 그동안 빈 병 재사용률이 그리 높지 않았어요. 왜냐하면 1994년 40원이던 보증금은 22년 동안이나 동결 상태였거든요. 병 안에 들어 있는 소주나 음료수 값과 다른 물가는 천정부지로 올랐는데 병 값은 그대로였던 거지요. 과자 한 봉지를 사려면 소주병 한 상자를 갖다 줘야 한다는 말이 나올 정도였어요. 효용 가치가 없어진 것이지요. 또 빈 병을 받아야 하는 소매점들도 애로 사항이 많아요. 소매점은 빈 용기를 보관할 공간 확보 문제, 직원 교육 문제 등 불편 사항이 많은 반면 취급 수수료는 턱없이 낮거든요. 이런 이유들로 2015년 소비자가 직접 반환한 빈 병은 전체의 24퍼센트에 불과했어요. 빈 병 회수율을 높여 빈 병 재사용률을 증가시키고자 시범 기간을 거쳐 2017년 1월 1일부터 빈 용기 보증금 제도를 보완해 시행하고 있어요.

소비자가 직접 빈 병을 반환하고 순환시키는 일은 대단히 중요합니다. 몇십 년 전만 하더라도 집에서 나오는 빈 병을 모아서 동네 가게에 가져다주고 돈으로 바꾸어 과자를 사 먹거나 동네에 들르는 엿장수에게 빈 병을 엿으로 바꿔 먹곤 했어요. 그런 풍경은 빈 용기 보증금 제도가 1985년부터 실시되면서 점점 자취를 감추고 말았지요. 소비자 물가가 반영되지 못한 빈 용기 보증금 제도가 오히려 빈 병 재사용률을 낮추는 아이러니가 돼 버렸어요. 빈 병 재사용률이 낮은 또 다른 이유로 백태가 긴 병을 사용하지 않으려는 기업 탓도 있어요. 백태가 끼었다는 것은 유리병끼리 부딪히면서 바깥에 하얗게 흠집이 생긴 것을 말해요. 소비자들이 이런 병을 보면 오래됐다, 누가 쓰던 것이다, 하는 편견 때문에 기피한다고 해요. 그러니 기업 입장에서는 원료 절감, 에너지 절약에 앞서 매출을 걱정하게 되어 이런 빈 병 재사용을 꺼린다고 합니다. 기업과 소비자 모두가 생각해 봐야 할 문제가 아닌가 싶어요.

빈 병 재사용이 정착되기 위해서는 극복해야 할 문제점이 또 있어요. 식품 안전처에 따르면 2013년 식품 이물 신고 건수는 6400여 건에 이르거든요. 이 중 음료류에서 500건 가까이 이물이 발견됐어요. 음료에서 발견된 이물질로 곰팡이가 가장 많았고 벌레, 유리, 플라스틱, 금속 등이 나왔습니다. 이런 이유로 기업에서 병 재사용을 꺼리기도 합니다. 이물질이 들어가는 문제는 소비자가 함께 노력해서 개선해야 할 부분이라 생각합니다.

몇 년 전부터 국내 한 생협에서는 '빈 병 이어달리기'를 하고 있어요. 빈 병 재사용률을 높이고자 하는 의지가 담긴 캠페인이죠. 이곳에서는 빈 병 이어달리기에 동참하는 이들에게 당부하는 게 몇 가지 있어요. 일단 사용하고 난 빈 병은 지체하지 말고 세척해 줄 것을 당부합니다. 시간이 지나 내용물이 말라붙고 나서 다시 씻으려면 바로 씻는 것보다 최대 9배의 에너지가 더 들어가기 때문이죠. 그리고 내용물을 방치할 경우 심하면 미생물이 번식해서 재사용이 불가할 경우도 생기기 때문이기도 해요. 깨끗이 씻은 빈 병은 가능하면 뚜껑을 닫아 이물질이 들어가지 않도록 미리 예방을 하는 게 좋겠습니다. 세척을 할 때는 병에 붙은 라벨도 떼어 줄 것을 당부합니다.

정부 관련 부처에서는 빈 병을 재사용하는 기업체에 대한 관리 감독을 보다 철저히 할 필요가 있다는 건 아무리 강조해도 지나치지 않아요. 빈 병 하나를 재사용하면 300그램 정도의 이산화탄소를 덜 배출하는 효과가 있습니다. 300그램의 이산화탄소는 컴퓨터 모니터를 10시간 켜 놨을 때 혹은 청소기를 1시간 30분 사용했을 때 발생하는 양입니다. 그리고 이 양은 소나무 묘목 한 그루를 심는 효과와 맞먹는다고 해요. 그러니 빈 병 재사용에 동참하는 일은 소나무 묘목을 심는 일인 거지요.

일본 생협의 경우는 80퍼센트의 빈 병이 재사용된다고 합니다. 국내 한 생협에서 실시하고 있는 빈 병 재사용률을 알아봤더니 2017년 6월 현재 25퍼센트 정도라고 하더라고요. 미국이나 독일 등에서는 이미 1990년대부터 관련 법규와 제도를 만들어 유리병 재사용률을 높이고 있습니다.

독일에는 '판트(Pfand)'라는 제도가 있어요. 우리나라의 빈병 보증금 제도와 비슷한데 차이점이라면 독일은 병뿐만 아니라 페트병과 캔도 환급합니다. 보증금도 우리보다 많게는 10배 이상 높아요. 애초에 구입하는 물건 가격에 환급금이 포함되어 있고, 마트 등에 있는 환급기에 빈 병을 넣으면 환급 받을 금액에 대한 영수증을 발행해 주니, 빈 병 재사용률이 높을 수밖에 없죠. 이러한 이유로 인해 독일의 빈 병 재사용 횟수는 40~50회, 핀란드는 30회인데 비해 우리나라는 8회 정도입니다.

집안에 빈 병이 쌓이면 그걸 들고 동네 마트에 가서 몇백 원의 동전

▲ 마트에 있는 환급기(빈병 회수 시설) 앞에서 빈 병을 넣은 후, 발행된 영수증을 확인하는 독일 사람들. ⓒ 진실애

과 맞바꾸는 일을 저는 실천하고 있어요. 몇백 원은 이제 단순한 몇백 원이 아니라 재사용으로 인해 아끼게 될 많은 에너지 비용이 포함되어 있다는 것도 압니다. 그리고 그 몇백 원이 모여 우리 미래 세대들의 삶을 조금은 덜 황폐화시키게 될 거라는 것도 알고 있고요. 작은 움직임이 큰 변화를 가져온다는 것, 멋지지 않나요? 유리병뿐만 아니라 금속캔, 종이 팩 등 포장재별 재활용이 어떻게 이루어지는지 잠시 살펴보도록 할게요.

■ 유리병

유리병은 제도에 따라 생산자 책임 재활용제(EPR)와 빈 용기 보증금 대상으로 구분해서 재활용 또는 재사용됩니다. 색깔에 따라서는 백색, 갈색, 녹색으로 구분하지요. EPR의 경우는 빈 병을 회수해서 이물질을 선별하고 색상별로 구분한 뒤 분쇄, 가공해서 재생 원료를 만든 뒤, 새로운 병을 만듭니다. 빈 용기 보증금 대상일 경우는 세척을 거쳐 재사용됩니다. 새로 병 하나를 만드는 데 160원 정도가 드는 반면 세척해서 재사용하는 데 드는 비용은 70원 정도니까 재사용이 효용 면에서 훨씬 높습니다. 또 환경적인 측면도 중요한데 유리를 파쇄하거나 녹이는 재활용에 비해 재사용은 이산화탄소 배출량이 거의 없습니다.

■ 금속 캔

금속 캔을 재활용했을 때 크게 두 가지의 절감 효과가 있어요. 원료에서 새롭게 캔을 만드는 과정이 생략되니 대기 오염 물질 절감 효과와 고형 폐기물 절감 효과죠. 대기 오염 물질 절감으로 기후 변화의 원인이 되는 이산화탄소(CO_2) 82퍼센트를 감소시키고 미세 먼지의 원인 제공자인 질소산화물(NO_x) 88.9퍼센트, 황산화물(SO_x) 94.7퍼센트를 줄이는 효과가 있습니다. 또 버려질 뻔한 폐기물로 재활용을 하니 고형 폐기물의 94.2퍼센트를 줄이는 효과가 있습니다. 철 캔 한 개를 재활용하면 백열전구(60와트)를 2시간 사용할 수 있는 전기를 절약하게 됩니다. 알루미늄 캔 한 개를 재활용했을 때 백열전구(60와트)를 약 27시간 사용할 수 있는 전기를 절약합니다. 이렇게 재활용한 금속 캔으로 철근, 금속 캔, 자동차 부품 등을 만듭니다.

■ 종이 팩

종이 팩은 크게 두 종류인데 주로 우유 팩으로 알려진 윗 부분이 지붕 모양의 살균 팩과 육각형 벽돌 모양의 멸균 팩이 있어요. 살균 팩이 전체 종이 팩 시장의 80퍼센트를 차지하고 나머지 20퍼센트는 멸균 팩이 점유하고 있어요. 이 종이 팩들을 잘 살펴보면 겉면과 안쪽 면은 폴리에틸렌(PE) 재질이고 그 사이에 펄프가, 멸균 팩의 경우는 알루미늄도 중간에 들어 있어요. 종이 팩 200밀리리터에 천연펄프 함유 비율은 살균 팩은 87퍼센트, 멸균 팩은 75퍼센트입니다.

특히 종이 팩에 쓰이는 펄프는 최고급 펄프이기 때문에 전 세계적으로 일부 국가(미국, 캐나다, 핀란드, 독일, 스웨덴)에서만 생산됩니다. 이 나라를 제외한 모든 나라는 수입에 의존하고요. 당연히 우리나라도 수입합니다. 그러니 종이 팩을 재활용하는 일은 중요합니다. 수입하는 데 들어가는 돈을 줄이는 경제적인 측면 말고도 숲을 지키는 일이기도 하니까요. 종이 팩을 재활용할 때는 폴리에틸렌과 알루미늄을 펄프에서 분리하는 작업이 먼저 이루어집니다. 종이팩은 재활용해서 화장지로 만들고, 멸균 팩의 경우 외국에서는 건축 자재로도 쓰입니다.

■ 페트병(PET)

페트병 재활용의 흐름을 살펴보면 먼저 폐페트병에서 PET를 구분하고 색상에 따라서도 무색과 유색 등을 선별합니다. 분쇄하고 세척을 한 뒤 말리면 재생 원료가 됩니다. 재활용 공장으로 보내진 재생 원료는 부직포, 쿠션 내장재, 농업용 와이어, 넥타이, 옷걸이, 계란판, 건축 단열재, 용기 등을 만드는 데 쓰입니다.

■ 플라스틱

포장재로 가장 많이 쓰이는 것이 플라스틱이 아닐까 합니다. 다른 재료에 비해 가볍고 강하며 녹는점이 낮아 가공성이 좋고 비용이 저렴하다는 장점이 있으니까요. 게다가 방수, 방습, 단열 효과가 높아 포장재로도 널리 쓰이고 있어요. 플라스틱은 재질별로 선별을 해서 압축하고 파쇄 과정을 거쳐 세척한 뒤에 재생 원료나 재생 제품을 만들기도 해요. 또 폐플라스틱을 용융, 열분해 및 냉각 등의 공정을 거쳐 재생 유류나 고형 원료를 생산하기도 합니다. 재활용 제품으로 다양한 펠릿이나 지게차로 물건을 옮길 때 필요한 팔레트, 건축용 자재 등이 있습니다.

음식물 쓰레기 줄이기

음식물이 쓰레기로 버려질 때 에너지 낭비에 대해 앞서 설명했지요. 단지 유통 기한이 지났기 때문에, 생긴 모습이 상품 가치가 없어서 등등의 이유로 버려질 뻔한 식품을 취급하는 가게가 덴마크 코펜하겐에 있어요. 잉여 제품 전문 식품점인 위푸드(WeFood)가 바로 그곳인데요. 위푸드에서 판매하는 식품들은 건강에 전혀 문제가 되지 않는 상품을 취급하면서도 가격은 정상가의 30~50퍼센트 정도로 저렴해서 소비자들에게 큰 인기를 얻고 있어요. 위푸드는 음식물이 버려지는 걸 줄이고 환경을 지키기 위해 만들어졌습니다. 이런 가게가 생겼다는 것에서도 이미 느끼겠지만 덴마크는 유럽에서도 음식물 쓰레기를 줄이는 일에 선두 주자입니다. 지난 5년간 음식물 쓰레기를 4분의 1가량 줄였는데 금액으로 환산하면 우리 돈으로 약 7728억 원에 이릅니다.

유럽 연합(EU) 집행 위원회에 따르면 2015년 한 해 동안 EU 국가에서 버려지는 음식물 쓰레기의 양은 9000만 톤에 이르렀다고 합니다. 그중 가정에서 배출되는 음식물 쓰레기 양이 42퍼센트로 가장 높은 비율을 차지하며 그다음이 음식물을 제조하는 과정에서 39퍼센트가 생겼다고 해요. 이런 음식물 쓰레기 배출량의 심각성을 EU 차원에서는 계속해서 강조하고 있어요.

이에 덴마크뿐만 아니라 프랑스, 이탈리아, 독일, 영국 등 여러 나라에서 음식물 쓰레기를 줄이려는 노력을 하고 있답니다. 프랑스에서는 음식점에서 남은 음식을 싸 가도록 권장하는 일명 '도기 백(doggy bag)' 법이 시행되고 있어요. 이탈리아는 음식물 기부를 활성화해서 음식물 쓰레기를 연간 100만 톤 줄이는 법안이 통과되었어요.

의류 재활용

오늘날 발생하는 의류 쓰레기는 대부분 재사용될 수 있습니다. 사람들은 대부분 해지고 낡아서 의류를 버리기보다는 유행이 지나서, 혹은 싫증이 났다는 이유로 버리는 게 대부분이기 때문이지요. 버려지는 옷들은 그 자체로도 쓰레기지만 매립지에 묻혀 탄소를 배출하고 유해 물질을 내뿜어 환경적인 문제도 일으킵니다. 우리나라 한 기업은 출시된 지 3년 이상된 옷들을 완전히 색다른 옷으로 만드는 '래코드(RE; CODE)' 프로젝트를 진행하고 있어요. 새 옷이 시간이 지나 이월 상품이 되면 상설 매장으로 가는데 그곳에서도 팔리지 않은 옷들은 3년이 지나면 보통 소각 처리됩니다. 래코드 프로젝트는 멀쩡한 옷들을 분해해서 새롭게 디자인하고 단추는 따로 나눠 주는 등 재활용을 한다는 점에서 고무적입니다. 또 다른 모 의류 업체에서는 의류 리사이클 캠페인을 통해 소비자들로부터 회수한 중고 의류를 모아 세계 난민 캠프에 전달하기도 합니다. 리사이클 캠페인을 통해 회수한 제품은 선별 단계를 거쳐 재사용이 가능한 의류는 유엔 난민 기구를 통해 네팔과 에티오피아 등 빈민국에 보내집니다. 재사용이 불가능한 헌 제품은 단열재로 재활용되고요. 오염이 심해 단열재로도 쓰이지 못하는 헌 제품은 발전용 연료로 쓰이게 됩니다. 또 다른 의류 업체에서도 헌 옷을 수거하는 활동을 벌입니다. 쇼핑백에 헌 옷을 채워 오면 할인 쿠폰을 제공하는데 두 개 매장에서 열 달 동안 수거된 헌 옷이 2500킬로그램이나 됐다고 합니다. 하지만 이런 헌 옷 수거에 대한 비판도 있어요. 쓰레기를 아프리카에 버리는 게 아닌가 하는 비판과 기업들이 헌옷 수거에 할인 쿠폰을 주는 것은 환경 보호를 마케팅 수단으로 활용하는 것이나 마찬가지라는 거지요. 고려해야 할 점이 많습니다만, 자원의 소비는 최소로, 자원의 순환은 최대라는 것을 잊지 말아야 할 것 같습니다.

업사이클링 이야기

업사이클링은 폐기물을 활용해서 한 단계 업그레이드시켜 순환시킨다는 의미를 담고 있습니다. 2010년 남아공 월드컵에서 특이한 장면이 보였어요. 월드컵 출전팀 가운데 9개국이 플라스틱 페트병을 재활용해서 만든 유니폼을 착용했습니다. 각 유니폼에는 8개의 페트병이 사용되었습니다. 페트병을 녹여 부드럽고 가벼우면서도 바람이 잘 통하는 폴리에스테르 섬유를 뽑아내어 유니폼을 만든 거지요. 이 유니폼 제조사는 이런 방식으로 유니폼을 제작하면 원료를 사용하는 것보다 에너지를 30퍼센트나 덜 쓰게 된다고 설명했어요. 일본과 대만의 쓰레기 매립장에 묻혀 있는 페트병 1300만 개도 재활용할 수 있게 된다고 했어요.

낙하산은 질기고 가벼운 소재라 장바구니 등 가방으로 만들었을 때 유용합니다. 해운대 해수욕장에서 쓰고 버려지는 튜브를 이용해서 가방 등을 만드는데 해마다 유행하는 색이 다릅니다. 그걸 보면 지난해 유행한 색이 뭐였는지를 알 수 있어 보는 재미가 있습니다. 참고로 해운대 해수욕장의 튜브는 2015년에는 노랑색, 2016년은 분홍색, 2017년은 검은색이었습니다.

영국의 엘비스앤크레스(Elvis&kresse)는 영국 소방청에서 공급받은 폐소방호스를 가공해 가방, 벨트, 지갑, 방수 주머니 등의 제품을 만드는 회사입니다. 이 회사는 물건을 팔아 벌어들인 돈의 일부를 소방관을 위해 기부합니다. 이 기부금은 부상당한 소방관의 부상 치료를 지원하고 순직한 소방관의 유족을 위한 심리 치료 지원 등에 쓰입니다. 업사이클링으로 폐기될 뻔한 자원을 재활용할 뿐만 아니라 기부 문화까지 만드니 일석이조라 할 만하죠. 버려진 자전거 부품으로 시계를 만드는 일을 하는 사람도 있어요. 리브리스(REBRIS)라는 브랜드로 활동하는 1인 기업인데 폐자전거에서 나온 부품과 역시 안 쓰는 시계에서 나온 부품을 조합해서 세상에 하나밖에 없는 시계를 만듭니다.

우리나라 업사이클링 업체인 '터치 포 굿'은 현수막으로 가방 등 소품을 만드는 기업입니다. 행사를 알리기 위해 일회성으로 쓰고 버리는 현수막이 낭비되는 것에 착안해서 현수막으로 새롭게 제품을 만드는 아이디어가 기업이 된 거지요. 터치 포 굿은 지난 19대 대통령 선거가 끝나고 선거 기간 쓰인 현수막으로 '5년의 약속'이라는 에코백을 만들었습니다. 선거 현수막이 약속의 매개체라는 데서 아이디어를 가져왔다고 합니다. 이 밖에도 업사이클링의 다양한 아이디어들은 많습니다.

▲ 밭에서 검은 비닐 대신 폐현수막을 사용하는 장면. ⓒ 장김현주

2014년 홍콩에서는 춘절 때마다 엄청나게 소비되는 포장지를 줄이기 위해 한 광고 회사가 이벤트를 진행했어요. 춘절 기간 홍콩에서 소비되는 종이는 무려 1600여 그루의 나무가 베어지고 17만 리터의 휘발유가 소비되는 것과 맞먹는 양이었다고 해요. 이 종이를 폐신문지로 대신한 거지요. 중국인들이 좋아하는 빨간 색으로 '복(福)'이라는 글자와 리사이클을 상징하는 심볼 그리고 중국인들이 좋아하는 여러 문양이 디자인된 그림을 프린트할 수 있는 프린터를 배치했어요. '즉석 신문 리사이클러'라 이름 붙인 이 프린터 앞에 길게 줄을 선 사람들은 손에 날짜가 지난 신문을 들고 있었지요. 가져온 폐신문지를 이 기계에

넣고 30초만 기다리면 새 포장지가 되어서 나오니 사람들의 반응이 얼마나 좋았겠어요? 새 포장지 대신 폐신문지를 활용했던 좋은 업사이클링 사례입니다.

혹시 껌 씹는 걸 즐기나요? 그렇다면 씹던 껌은 어떻게 처리하나요? 여러분은 모두 껌 종이에 싸서 쓰레기통에 버릴 거라 생각해요. 그런데 거리에 껌을 뱉는 사람들이 여전히 많은가 봅니다. 거리 곳곳에서 씹던 껌이 붙어 있는 것을 쉽게 볼 수 있으니까요. 미관도 해칠 뿐만 아니라 신발에 붙어 불편을 주기도 합니다. 그래서 지속적으로 껌을 제거하는 작업을 하게 되는데요. 껌으로 인해 생기는 불편은 껌을 씹는 나라면 어디나 있게 마련입니다. 길바닥에 붙은 껌을 떼어 내기 위해 영국에서는 연간 1억 5000파운드의 비용이 들어간다고 합니다. 그 껌이 재활용된다고 생각해 본 적 있나요? 껌드롭(Gumdrop Ltd)이라는 회사가 2009년 껌 쓰레기 문제를 해결하기 위해 설립되었습니다.

껌 재활용에 대한 아이디어를 처음 생각해 낸 사람은 안나 불루스라는 사람이었습니다. 플라스틱 소재를 연구하던 대학생 안나는 어느 날 길거리에 버려진 껌을 보고 껌도 고무로 만든 거니까 뭔가 재활용이 가능하지 않을까 생각했고 그렇게 해서 껌드롭 사가 탄생했습니다. 껌드롭 사는 씹던 껌을 재활용 및 가공하는 세계 최초의 회사입니다. 이 회사는 껌을 수거하는 껌 쓰레기통인 분홍색 '껌드롭'을 만들어 거리 곳곳에 설치합니다. 껌을 씹던 사람들은 그 분홍색 껌드롭이 보이면 씹던 껌을 그곳에 버립니다. 그렇게 껌드롭이 가득 차면, 껌드롭

과 함께 폐기물 껌이 재활용되어 거리에 설치되는 새로운 껌드롭을 제
조하거나 고무 장화, 휴대 전화 커버, 포장재, 머리빗 등 다양한 제품으
로 다시 태어납니다. 프랑스의 한 예술가는 지하철에서 나오는 먼지를
모아서 새나 늑대를 만들기도 해요. 리오넬 사타테의 이야기입니다. 이
작가는 먼지뿐만 아니라 손톱, 각질, 머리카락, 찻잎에 이르기까지 보
잘것없는 재료들을 예술 영역으로 끌어들여 활발한 작품 활동을 하고
있어요. 예술과 업사이클링의 만남이라고 해야 할까요? 상상력이 만나
면 그것은 새로운 물건이 될 수도 예술이 될 수도 있는 게 업사이클링
이 아닐까 합니다.

자원 순환과 관련해서 더 알아볼 수 있는 곳은 다음과 같습니다.

도시생활 폐기물 통합관리서비스 www.citywaste.or.kr

서울도시금속회수센터 www.srcenter.kr

서울새활용플라자 www.seoulup.or.kr

자원순환사회경제연구소 blog.naver.com/waterheat

자원순환사회연대 www.waste21.or.kr

자원순환정보시스템 www.recycling-info.or.kr

한국순환자원유통지원센터 www.kora.or.kr

한국환경공단 www.keco.or.kr

알아두기

자원 순환 기본법

우리나라의 경제·사회 구조를 "지속 가능한 자원 순환 사회로 바꾸고 우리나라를 자원이 풍부한 나라로 만들"고자 2016년 5월 29일 제정된 법. 쓰레기를 매립, 소각하는 대신 재활용에 중점을 둔다. 정부는 이 법을 통해 해외 자원 의존도를 줄이고 일자리를 늘리는 한편 환경 오염도 예방할 수 있을 것으로 기대하고 있다. 2018년 1월 1일부터 시행된다.

최원형이 만난
변화의 물꼬를 트는 사람들

내 삶을 변화시킨 반핵 운동

김익중(동국대학교 의과대학 미생물학교실 교수)

지금 어떤 일을 하고 있나요?

의대에서 학생들을 가르치는 게 본업입니다. 그런데 약 10년 전, 우연한 기회에 시작한 환경 운동(반핵 운동)을 삶의 중요한 부분으로 생각하면서 일하고 있어요. 시간이 나는 대로 탈핵 강의를 하기 위해서 전국을 돌아다니고 있습니다. 바쁠 때는 하루에 8시간 정도 운전하고, 4시간 정도를 강의하는 중노동(?)에 시달리고 있지요. 저의 탈핵 강의는 왜 우리가 원자력을 줄이고 탈원전으로 가야 하는지, 탈핵이 어떻게 가능한지를 설명합니다. 전공을 살려서 피폭이 인체에 미치는 영향 등을 알리면서 제법 인기를 끌고 있습니다.

열심히 하다 보니 제 강의를 듣고 나서 탈핵 운동을 시작했다는 사람들도 생기고 해서 책임감을 느낄 때도 많습니다. 그러다가 2년 전 어느 날, 1000회에 가깝게 강의했지만 들은 사람이 고작 5만 명밖에 되지 않는다는 사실을 깨달았습니다. 이런 식으로는 탈핵 메시지를 전 국민에게 전하는 것은 불가능하겠다는 절망감에 빠졌습니다. 마침 그 때 박정우 감독이 〈판도라〉라는 영화 시나리오를 들고 저를 찾아왔어 요. 보신 분들은 알겠지만, 우리나라에서 핵사고가 발생하는 모티브로 만든 블록버스터 액션 영화였습니다. 저는 시나리오, 그래픽 등을 사실 감 있게 만들 수 있도록 성심성의껏 도왔습니다. 영화는 흥행에 성공 했고 탈핵 여론 조성에 영향을 준 것 같습니다. 영화가 한창 상영 중일 때 한국수력원자력(한수원) 측에서 사실과 다르다며 반박 자료를 내더 군요. 그것을 보고 오히려 영화가 제법 그럴듯한가 보다 하고 만족감 을 느꼈지요.

몇 년 전에는 정부 기관인 원자력 안전 위원회의 위원으로 3년간 활 동한 적도 있습니다. 원자력의 안전을 도모하기 위한 위원회인데, 여기 에는 원자력을 추진하려는 입장을 가진 분들, 즉, 반핵 운동과는 정반 대 입장을 가진 분들이 많았습니다. 피곤한 나날이었지요. 3년 내내 싸 웠지만 한 번도 이겨 보지 못했으니까요. 절망의 연속이었지만, 친원전 인사들 틈바구니에서 3년이나 견딘 제 자신이 대견했습니다. 제가 제 법 참을성이 있는 사람이라는 사실도 새롭게 알게 되었으니까요.

저는 앞으로도 우리나라가 완전히 탈핵할 때까지 이 운동을 계속할 생각입니다. 개인적인 보람도 있지만, 지는 싸움 중에 만난 동지들과 제 강의를 듣고 탈핵에 동의하게 된 사람들과의 연대감을 저버릴 수는 없으니까요.

중·고등학교 시절, 어떤 학생이었나요?

중학교 때는 친구들이 많았습니다. 노는 데 열중했고, 행복했지요. 운동도 배우고, 기타도 배우고, 노래도 하고, 연애도 하고 차이기도 하고… 책도 제법 읽었던 것 같아요. 그 당시 친구들이 아직도 저의 가장 친한 친구들입니다. 고등학교 때는 공부만 했던 것 같습니다. 주말에만 친구들과 놀고, 주중에는 그냥 공부만 했어요. 성적이 꾸준히 올랐는데, 아마 그 재미로 학교 다닌 것 같아요. 후회되는 것은 중·고등학교 때 저 자신이 어떤 사람인지, 무엇을 잘하고 무엇을 좋아하는 사람인지 몰랐다는 점입니다. 깊은 고민 없이 전공을 택했어요. 대학에 가서야 전공이 안 맞는다는 것을 알게 되었지만 이미 늦었지요. 이후로 남들처럼 공부하고, 취직하고 그랬지요. 반핵 운동을 시작하기 전까지는 그랬어요. 도전도 없었고, 절망도 없었고… 평탄했지요.

살면서 좌절한 적이 있나요?

당연히 있었지요. 남들보다 가난했습니다. 등록금 못 내서 학교에서 쫓겨난 적도 있어요. 가난이 열등감을 심어 줬던 것 같아요. 사춘기 때는 외모 콤플렉스도 있었고 대학 때는 전공이 소질에 안 맞아서 내내 열등생이었습니다. 열심히 공부해도 겨우 낙제를 면하는 수준이었으니까요.

삶에 전환점이 있었다면 언제인가요?

2009년 반핵 운동을 시작한 것입니다. 평범한 직장인에서 운동가로 변했으니까요. 삶에 목표가 생긴 것은 축복이라고 생각해요. 그로 인해 겪는 어려움은 모두 의미 있게 느껴지거든요. 반핵 운동은 정말 좌절의 연속입니다. 항상 지는 싸움처럼 느껴지지요. 그렇지만 나중에 보면 조금씩 변화가 있고, 그 변화에 기여했다는 생각이 들 때가 있어요.

특히 2017년 6월 19일은 평생 동안 못 잊을 겁니다. 이날은 고리 1호기 영구 폐쇄 기념식에서 대통령이 탈원전을 선언한 날입니다. 제가 살아 있는 동안 그런 일이 올까 하는 생각을 하곤 했으니까요. 전 세계에서 여덟 번째로 탈핵을 선언한 나라가 되었지요. 반핵 운동을 하면서 가장 기뻤던 일 가운데 하나로 기억됩니다. 이런 일을 경험하면서 더 열심히 반핵 운동, 탈핵 운동을 해야겠단 생각을 하게 되지요. 이것도 제 삶에서 새로운 전환점이 됩니다.

생활 속에서 생태적으로 사는 방법 한 가지 알려 주세요

사람은 누구나 생태적인 본성이 있습니다. 자연과 가깝게 있을 때 편안함을 느끼잖아요. 개인적으로는 사는 동안 다른 생명의 연속성을 깨뜨리지 않고, 되도록 적은 흔적만 남기고 사라질 수 있기를 바라지요. 썩지 않는 물건은 되도록 안 만들고, 안 쓰고, 그래서 순환되는 삶이 지속되기를 바랍니다. 핵 쓰레기같이 수만 년을 지속하는 위험한 물건은 절대 만들지 말아야죠.

기후 변화와 아시아의 미래

오기출(푸른아시아 사무총장)

지금 어떤 일을 하고 있나요?

1998년부터 푸른아시아 사무총장으로 일하고 있습니다. 푸른아시아
는 "기후 변화로부터 안전한 아시아를 만든다"는 비전을 갖고 20여 년
전에 만든 엔지오입니다. 몽골에서는 2000년부터, 미얀마에서는 2013
년부터 생태 복원 모델을 만들고 있습니다. 기후 변화는 그 지역 주민
에게도 피해를 줍니다. 가축이 굶어 죽거나 가뭄으로 농사를 짓지 못
해서 재산을 잃은 환경 난민들의 자립을 돕고 있습니다.

기후 변화는 환경 파괴는 물론 빈곤을 심화시킵니다. 푸른아시아는
환경과 빈곤 문제를 동시에 해결하는 모델을 현지 주민들과 함께 만들
어 가고 있습니다. 몽골에는 현재 7개 지역 약 200가구(1000여 명)와 생
태 마을을 만들면서 주민 소득 사업을 개발하고 있습니다. 700헥타르
규모의 땅에 나무를 심어 생태를 복원했고 200가구가 차차르간(비타

민나무) 재배와 농사로 생계를 꾸리고 있습니다. 미얀마에서는 2013년부터 약 240헥타르 크기의 땅에 나무를 심는 한편 주민들 식수 공급과 소득 작물 개발을 진행하고 있습니다.

현재 이 모델은 유엔 사막화 방지 협약(UNCCD)에서 채택하여, 기후 변화와 사막화로 고통받는 160개 나라 28억 명에게 권고하고 있습니다. 유엔으로부터 '환경 노벨상'으로 불리는 '생명의 토지상' 최고상을 받았습니다.

저의 이런 삶은 1981년 대학을 들어간 이후 30대 중반까지 해 온 학생 운동, 노동 운동, 민주화 운동 경험에서 출발합니다. 과거에는 한국 민주주의 회복, 남북 분단 문제, 경제 정의 실현을 위해 노력하면서 주로 국내 문제에 관심을 두었습니다.

1987년 6월 항쟁 이후 한국 민주주의는 새로운 양상을 띠게 됩니다. 독재 정부에서 민선 정부로 전환되었지만 시민권, 교육권, 환경권, 지역 자치, 통일 문제에 대한 비전과 주체, 모델은 만들어지지 않았습니다. 지평의 확장이 필요했습니다. 그래서 30대 중반 이후에는 한국에서 인류로 시야를 넓혔습니다. 일본, 중국, 대만, 몽골의 활동가들과 전문가, 유엔 관계자들과 '아시아의 미래'라는 주제로 1998년부터 2002년까지 5년 동안 정기적인 모임을 만들어 함께했습니다.

아시아의 미래에 영향을 미칠 가장 중요한 일은 무엇일까? 5년 동안 논의하면서 내린 결론은 두 가지였습니다. 하나가 금융 위기, 두 번째가 기후 위기였습니다. 저는 기후 변화에 주목하여 푸른아시아의 콘텐

츠를 만들었습니다. 제가 지금 하는 일은 미래에 닥칠 위기에서 벗어날 대안 모델과 정책을 개발하는 것입니다. 2000년부터는 시민들이 직접 현장을 찾아가서 기후 변화의 심각함을 경험하도록 하는 에코투어 활동을 시작했습니다. 현재까지 4000여 명의 한국 청소년, 시민들이 참여했습니다.

중·고등학교 시절, 어떤 학생이었나요?

초등학교 때는 꼴찌였습니다. 가정 형편이 어려웠어요. 제가 살던 시골에서는 초등학교 때부터 학교에 보내는 대신 도시로 보내 노동일을 시키거나, 여자아이라면 친척 집에 식모살이로 보냈습니다. 저는 고물상을 하는 부모님을 도왔습니다. 그러다 보니 제대로 학교에 다닐 수가 없었어요. 학비도 비싸서 부모님이 보내기를 꺼렸습니다. 학교 행정도 엉망이어서 출석을 하는지 마는지 관심이 없었습니다. 저는 공부하고 싶었습니다. 그런데 육성회비를 내지 않았다고 벌만 세우는 통에 수업도 못 들었습니다. 집으로 가지 않고 길거리를 방황했지요. 그러면서 못된 친구들과 어울려 다니기도 했지요. 방황을 끝낸 것은 아이러니하게도 고물 덕분이었습니다. 고물 틈에서 소년 잡지가 있기에 무심코 읽어 보았습니다. 그 후로 책 읽는 재미에 푹 빠졌어요. 손에 잡히는 대로 무조건 읽고 또 읽었습니다. 주변을 둘러보니 공부할 수 있는 책들이 널려 있었습니다. 그러면서 의지가 생겼습니다. 전교 1등을 해 보겠다는 의지 말입니다.

중학교에 진학하면서 첫 달은 지옥이었습니다. '용의 검사'에 걸려 친구들 앞에서 창피를 당했어요. 집이 가난하니 제대로 씻을 수도 없었거든요. 그래도 포기하지 않았습니다. 그렇게 한 달을 보내고 시험을 쳤는데 거짓말처럼 성적이 올라갑니다. 전교 1등을 한 겁니다. 그랬더니 친구와 선생님의 태도가 180도 바뀌더군요. 그동안 굴레였던 '고물상'은 오히려 자랑거리가 되었습니다. '열악한 환경' 속에서도 우수한 성적을 올린 학생이라는 거죠. 아이들은 더 이상 '고물상집 아들'이라고 놀리지 못했어요. 이후의 삶은 순탄했습니다. 열심히 공부하는 모범생으로 살았지요. 그러다 고등학교 3학년 때 사춘기가 찾아왔어요. 삶의 목적을 찾을 수 없었습니다. 왜 대학을 가야 하는지, 왜 살아야 하는지 모든 것에 회의가 들었어요. 당시 일기장에는 비관적인 내용뿐이었습니다.

다시 방황이 시작되었습니다. 아무도 이해하지 못했죠. 선생님들은 제가 방황하는 줄도 몰랐습니다. 성적은 그런대로 유지했으니까요. 외로웠습니다. 학교 안에서 술을 마시고 잔디밭에 누워 있기도 했습니다. 호기를 부린 거죠. 그런 시절을 보내고 대학에 입학했습니다. 당시 민주화 운동의 흐름에 동참하면서 저는 방황의 본질을 찾게 됩니다. 그것은 꿈이었고 정체성이었습니다. 꿈과 정체성을 찾지 못하고 공부만 하다 보니 허망함이 찾아왔던 거예요. 대학에서 고시 공부도 해 보았지만 마찬가지였습니다. 민주화 운동을 하면서 함께 학습하고 토론하면서 저는 너무 행복했습니다. 드디어 삶의 이유를 찾은 거죠. 이 경험은 제 삶에 방향타가 되었습니다. 삶의 목적을 찾게 되자 청소년기의 방황과 좌절도 약이 되었습니다. 사람에 대한 이해의 폭이 넓혀졌다고 할까요. 넉넉해진 거죠.

살면서 좌절한 적이 있나요?

좌절은 감기처럼 찾아온다고 봅니다. 제게도 그랬던 때가 있어요.

푸른아시아를 만든 지 6년이 되던 해 함께 일하던 네 명의 상근 활동가들이 그만둔 적이 있습니다. 저 혼자 남았지요. 당시 기후 변화에 대한 관심이 많지 않아서 활동에 어려움이 컸습니다. 사람들은 100년 뒤의 일을 왜 걱정하느냐, 남의 나라 사막화에 무슨 관심이 그리 많으냐는 식으로 말했습니다. 견디지 못한 활동가들이 나가면서 "사무총장님도 이제 그만 하시지요"라고 했지요. 그때 온몸에 힘이 빠지고 그랬습니다. 그 뒤 6개월 동안 많이 헤매었습니다. 재정 상태도 말이 아니었지요. 그런데 한 어린이집 원장님이 후원금을 보내 와요. 그분에게 전화를 걸었지요. 한 달 동안 일한 월급을 그대로 보냈다고 하는데 저는 그만 울고 말았습니다. 비할 데 없이 큰 격려였습니다. 덕분에 제가 다시 용기를 낼 수 있었어요.

블로그를 하면서 알게 된 섬유 수출 회사 대표도 큰 도움을 주셨습니다. 기후 변화, 사막화, 환경 난민, 미세 먼지 그리고 푸른아시아의 활동에 대해 대화를 나눈 적이 있습니다. 그 후 단체로 700만 원을 기부했습니다. 회사 사정이 녹록지 않은 상황임에도 환경을 위해 크게 마음을 쓴 거예요. 저는 감동했습니다. 누가 뭐라고 해도, 아무리 어려워도 이분들의 믿음을 저버리지 않기로 했죠. 그래서 2005년 1년 동안 '기후 변화 대응 시나리오 30년'을 만들기 시작했습니다.

이때부터 저는 혼자가 아니었습니다. 여기저기서 뜻을 함께하는 분들이 나타났습니다. 그때 저는 깨달았습니다. 포기하지 않고 노력한다면 기대하지 않은 곳에서 문이 열린다는 사실을 말입니다. 현재 푸른아시아는 한국, 몽골, 미얀마에 70명의 상근 활동가들과 200여 환경 난민 가족이 함께 일하고 있습니다. 좌절은 감기처럼 지나갑니다. 이겨낼 수 있어요. 아픔 뒤에 더 큰 성장이 기다리고 있다는 사실을 꼭 말씀 드리고 싶습니다.

삶에서 무엇이 가장 귀하다고 생각하나요?

저는 '예(禮)'가 중요하다고 생각합니다. 인간은 다른 사람을 도우면서 살 때 존엄해집니다. 그 과정에서 저절로 감사와 정성의 마음과 행위가 펼쳐집니다. 그 바탕에는 '예'가 있습니다. 저는 예에 대해 "깊이 숙여 도와 가는 모습"이라고 생각합니다. 깊이 숙여 도와 가니 당당해집니다. 모든 관계는 이렇게 서로 도와 가는 모습에서 형성됩니다.

이상적인 사회나 세상의 모습은 어떤 걸까요?

모두가 '지구 대통령'이 되는 세상입니다. 지구 대통령은 지구를 책임지고 실천하려는 사람입니다. 특히 청년들이 그랬으면 좋겠습니다.

이상적인 사회나 세상을 구조적으로만 접근하면 답이 없습니다. 현재 기후 변화 문제를 해결하려면 에너지 중독에 빠진 인류가 진화해야 합니다. 그것 말고 달리 해결책은 없다고 봅니다. 그래서 저는 지구를 고민하고 책임지는 지구 대통령이 하늘의 별만큼 많아지는 지구촌을 꿈꾸고 있습니다.

생활 속에서 생태적으로 사는 방법 한 가지 알려 주세요

혼자서는 어렵지만 실천할 방법은 있습니다. 예컨대 대중교통 이용이 그렇습니다. 저는 자가용이 없습니다. 대중교통을 이용하거나 걸어다닙니다. 건강에도 좋아요. 그렇지만 저는 '모임'을 통한 실천을 더 권합니다. 가족이나 친구, 이웃도 좋아요. 함께 책을 읽고 토론하면 어떨까요?

커뮤니티를 만들어서 예컨대 아파트 전력 소모를 30퍼센트 낮추는 계획을 짜서 실험해 보는 거예요. 뜻밖에도 주민들의 호응이 있을지도 모릅니다. 지구 환경에 대한 생각을 주변과 나누는 것이 생태적인 삶이라고 저는 생각합니다.

농민들과 함께한 토종 씨앗 운동

김은진(원광대학교 법학전문대학원 교수)

지금 어떤 일을 하고 있나요?

원광대학교 법학전문대학원에서 학생들을 가르친 지 딱 10년 되었습니다. 개인적으로는 농업을 살리는 일에 관심이 많습니다. 1983년 대학에 입학할 때만 해도 법관이 되겠다는 청운의 꿈을 안고 있었지만 1학기 만에 나의 길이 아님을 알았습니다. 사법 시험 과목 8개 중에 싫어했던 과목이 포함되어 있었거든요. 고시를 포기하고 대신 신나고 재미있는 일들을 많이 했습니다. 1980년대 대학생이었다면 대개 그랬듯이 데모도 하고 야학도 기웃거리고 동아리 활동도 했습니다. 심지어 어릴 때부터 좋아했던 연극 공연도 해봤습니다.

졸업을 앞두고 선배의 권유로 진보적인 야학에서 활동했습니다. 그러다 몸이 안 좋아져서 한 달간 집에서 쉬었는데 문득 학과 공부를 좀 더 해 보고 싶은 생각이 들었어요. 대학원 진학을 결심하고 전공을 고민하다가 경제법을 선택했습니다. 그때까지도 경제학에 대한 선망이 있었는데 새로 전공하기는 그렇고 그나마 가까운 분야라고 생각했기 때문입니다. 그중에서도 농업 관련법이 관심을 끌었는데 그때나 지금이나 농업 관련법을 경제법 분야로 생각하는 사람은 저 하나뿐인 듯합니다.

그런데 문제는 농업법을 전공한 사람이 드물었다는 거예요. 공부한 사람이 없으니 가르쳐 줄 사람도 없었습니다. 그래서 한국 농어촌사회 연구소를 찾아갔습니다. 당돌하게도 여기서 공부하면서 일하고 싶다고 했지요. 다행히 선뜻 자리를 내주셨습니다. 그다음 날부터 수업이 없으면 무조건 연구소로 갔습니다. 그렇게 농업에 빠져들었습니다. 지금도 농업 단체 활동가들은 그 일이 수렁과 같다고 합니다. 한번 빠지면 헤어나지 못할 만큼 좋아하게 된다는 뜻으로 말입니다. 연구소에서 처음으로 맡은 일은 농지법 개정을 위한 협의체 간사였습니다. 당시 최고의 문제는 농사를 짓지도 않으면서 땅만 소유하는 부재(不在) 지주였고 경자유전의 원칙(농사짓는 사람이 밭을 소유한다는 원칙)을 되살리기 위한 농지법 개정 운동이 한창이었습니다. 덕분에 석사 논문도 농지 문제를 주제로 썼습니다.

그런데 또 다른 대형 이슈가 터집니다. 땅만 돌려주면 농민들이 안정적으로 농사를 지을 수 있을 줄 알았는데 아니었습니다. 바로 우루과이라운드 문제가 터진 거죠. 값싼 수입 농산물이 밀려들면 영세한 우리나라 농민들이 타격받는 건 자명해 보였습니다. 그래서 유통 과정을 줄여 농민들 소득을 보장해 줄 방법으로 직거래 공부를 시작했고 그 성과물이 오늘날의 생활 협동 조합입니다. 그렇게 유통과 가격 문제가 해결되면 농민 문제가 풀릴 줄 알았는데 거기서 끝이 아니었습니다.

환경과 생태 문제가 제기되면서 친환경 농업의 필요성이 커졌고 이에 부응해 오늘날 친환경 농업 육성법의 초안을 만들었습니다. 그러자 또 다른 문제가 생겼습니다. 유전자 조작 농산물이 수입되기 시작한 것입니다. 그래서 유전자 조작 농산물 문제를 공부하기 시작했습니다. 마침 학교에서 공부하던 지식 재산권이 유전자 조작 농산물과 밀접한 관련이 있어서 많은 도움이 되었습니다. 우리나라에는 아직 유전자 조작 농산물에 대한 연구가 부족했습니다. 그러던 차에 미국에서 환경법을 공부할 한국 학생에게 장학금을 준다는 사실을 알게 되었습니다. 덕분에 위스콘신 주립대학교 로스쿨에 지원하여 유전자 조작 농산물 규제법에 대해 공부할 수 있었습니다. 2년 공부하고 석사 학위를 받고 귀국하여 유전자조작식품 반대 생명운동연대 사무국장을 몇 년 했습니다. 그동안 박사 논문을 썼습니다.

유전자 조작 농산물에 대응하려면 우리 씨앗이 중요하다는 생각에 토종 씨앗 운동을 시작했습니다. 여성 농민들, 여성 단체들, 환경 단체들이 함께 즐거운 마음으로 했습니다. 그러다 문득 이렇게 농사지은 토종 농산물을 소비자들이 찾아 주지 않으면 아무 소용이 없다는 사실을 깨달았습니다. 소비자들이 토종 농산물을 소비하도록 할 방법을 고민하다 '언니네 텃밭'을 기획했습니다. 장기적으로 토종 농사를 지을 여성 농민들도 조직했습니다. 처음 여성 농민 10명, 소비자 40가구로 시작한 '언니네 텃밭'은 우리나라에 '농산물 꾸러미'를 유행시켰습니다.

지금도 이 일이 즐겁습니다. 다행히 재직 중인 학교가 생명 과학 분야로 특성화되어 있고 제가 맡은 수업이 과학 기술법과 생명 공학법 등이라 무관하지 않으니 더욱 그렇습니다.

먹는 일은 정말 소중한 일입니다. 무엇을 어떻게 먹는가는 단순히 개인의 건강 차원이 아니라 삶을 바꾸고 나아가 건강한 사회의 토대가 된다는 믿음으로 살고 있습니다. 이 모든 과정을 함께해 준 농민들을 비롯한 많은 분들께 항상 감사한 마음이지요.

중·고등학교 시절, 어떤 학생이었나요?

하고 싶은 일은 꼭 해야 하는 사람이었습니다. 고등학교 3학년 때도 보고 싶은 영화나 책은 꼭 봐야 했고 못 보면 공부할 의욕이 안 생기니 부모님도 말리지 못했어요. 아버지는 종종 그 정도 읽었으면 소설을 직접 써도 되겠다고 놀리실 정도였습니다.

대신 지각 한 번 안 하는 모범생이었기에 학교에서 하라는 것은 어지간하면 다 했습니다. 그래도 불합리하다 싶으면 선생님들께 따지다가 혼난 적도 많았습니다. 놀기도 잘 놀았어요. 중2 때는 반장임에도 반 학생들이랑 장기 자랑 대회 하느라 반 성적이 전체 꼴찌로 내려가는 데 기여했습니다. 고3 때는 야간 자율 학습 시간에 하라는 공부는 안 하고 친구들 불러서 장기 자랑을 시키다 선생님께 걸려서 혼도 났지요. 학교 운동장에 드러누워 별자리 책 펴 놓고 밤하늘과 비교해 보다 잠들어 학교에서 밤을 새울 뻔한 적도 있었습니다.

성적이 나쁜 편은 아니었는데 공부를 열심히 해서라기보다는 초등학교, 중학교 때 즐겨보던 백과사전 덕을 많이 보았다고 믿고 있습니다. 백과사전은 ㄱ에서부터 ㅎ까지 한 다섯 번은 본 듯합니다. 지금 생각해 보면 그때는 문자 중독에 가까웠던 게 아닐까 싶어요. 어쨌든 그 덕에 학교 공부가 수월했습니다.

살면서 좌절한 적이 있나요?

일이 닥치면 최악을 먼저 생각하는 편인데도 크게 좌절한 적은 없었던 듯합니다. 사춘기도 그럭저럭 지나갔고요. 사정이 있어서 사립 초등학교에 다녔는데 부잣집 아이들이 뒤에서 흉을 봐도 대수롭지 않게 여겼어요. 가난했던 그 시절을 두고 어머니는 매일 밥반찬이던 콩나물이 지긋지긋해서 지금도 먹기 싫다고 하시는데 저는 기억이 안 납니다. 그런 저를 가족들이 신기해하죠.

경제적으로 어려웠지만 있으면 쓰고 없으면 안 쓴다는 식이라서 크게 스트레스를 안 받았던 것 같습니다. 살아오면서 돈 때문에 하고 싶은 일을 못한 적이 별로 없습니다. 대학 시절 한때 연극과 영화에 빠졌을 때는 도시락을 싸서 다니면서 절약한 용돈으로 보러 다녔고 고학년이 되어서는 아르바이트를 해서 후배들 술도 사 주고 밥도 사 주고 했습니다. 대학원 때도 도시락을 싸서 다녔으니까요. 옷이나 집에 대한 욕심도 없어서 그저 잘 먹고 읽고 싶은 책 사 볼 여력이 있다면 만족입니다. 그 정도는 어떻게든 스스로 벌어서 융통해 왔고요.

정규직 교수가 되고 나서 좋은 점은 벌이가 정해져 있으니 쓰고 싶은 데 돈을 쓸 수 있다는 것이었습니다. 많은 돈은 아니지만 지금도 급여의 10퍼센트 이상은 기부하고 삽니다. 어쩌면 자본주의 사회에서 저의 이런 낙천적인 성격은 일종의 복이라고 생각합니다.

삶에 전환점이 있었다면 언제인가요?

크게 세 번 있었습니다. 첫 번째는 고등학교 2학년 때입니다. 당시 저는 체육을 못했습니다. 고등학교 입시에서 체력장 20점 만점에 13점을 받을 정도였으니까요. 그래서 체육은 안 된다고 생각하고 살았는데 담임 선생님 한 분을 만납니다. 학생을 대할 때면 늘 장점을 말하고 격려해 주시는 분이었어요. 당시 암기 과목을 힘들어하던 제게 "너라면 할 수 있다"고 말씀해 주셨는데 그게 큰 자극이 되었습니다. 매사에 의욕을 갖게 되었어요. 체육 시간에 맨손 체조 시험을 보았는데 엄청나게 연습했거든요. 체육 선생님이 맨손 체조를 너처럼 열심히 하는 사람은 처음 봤다고 칭찬할 정도였습니다. 그 후로는 무엇을 하건 자신감 하나는 최고였지 않나 싶습니다.

두 번째는 한국 농어촌사회 연구소를 들어간 일입니다. 농민들과 함께 생활도 하고 이야기도 하면서 이 길로 들어서길 잘했다고 생각했습니다. 그 후로 한눈을 팔아 본 적이 없는 듯합니다. 무엇을 하건 최우선

순위는 우리 농업 살리기가 되었습니다. 당시 부소장님이셨던 권영근 선생님의 가르침이 컸습니다. 그분의 삶 자체가 농업이었어요. 그분의 삶을 배우고 싶다는 생각을 끊임없이 하면서 살게 되었습니다.

세 번째는 첫 아이를 낳고 나서입니다. 그때 비로소 '미래'를 생각하게 되었습니다. 내가 사는 세상이 아니라 내 다음 세대들이 살아갈 세상을 고민했습니다. 우리 아이가 사는 세상은 지금보다는 나아지게 만들어야 한다는 사명감이 생겼습니다. 비로소 환경과 생태에 눈을 떴습니다. 생각이 완전히 바뀐 거예요. 그전까지 농약과 화학 비료에 의존하는 관행 농업을 비판하는 환경 단체가 마뜩잖았습니다. 그런데 아이를 낳은 후 그 환경 단체와 함께 친환경 농업을 고민하기 시작했을 정도입니다. 쓰레기 문제와 관련해서는 약 10년 전에 '초록 정치 연대'에서 진행한 토론회에서 만난 선배와 '쓰레기당'을 만들자며 이렇게 다짐한 적이 있습니다. "쉽게 버려지는 것들이 없는 사회를 만들자, 그것이 사람이든 물건이든 간에."

삶에서 무엇이 가장 귀하다고 생각하나요?

생명에 대한 존중입니다. 우리나라는 많은 것을 돈으로 해결하는 나라가 되었습니다. 돈이 없으면 살 수 없다고 생각하는 사람이 많아요. 그러나 사람들이 그렇게 생각한다고 해서 돈이 진짜로 삶의 전부가 될 수는 없어요. 돈은 그냥 편리한 도구일 뿐입니다. 소중한 것은 각자의 삶, 생명이라고 생각합니다.

이상적인 사회나 세상의 모습은 어떤 걸까요?

사람들은 세상의 모든 사과가 색깔과 맛이 다르다는 것을 압니다. 그렇다고 불평하지는 않아요. 사과는 당연히 그렇다고 생각하기 때문입니다. 그런데 정작 사람에게는 그렇게 대하지 않습니다. 왜 우리 아이들을 똑같게 키우려고 하는지, 타고난 재주도 성향도 다 다르다는 것을 인정하지 않으려 하는지 아쉽습니다. 적어도 사과보다는 아이들이 더 귀하게 여겨지는 사회가 되었으면 좋겠습니다. 각자의 삶을 있는 그대로 존중받고 대접받았으면 좋겠습니다. 나아가 인간이 아닌 다른 모든 생명을 이해하고 존중할 수 있는 사회면 더욱 좋겠지요.

생활 속에서 생태적으로 사는 방법 한 가지 알려 주세요

무엇보다도 분리 배출을 잘했으면 합니다. 분리 배출을 잘하면 쓰레기가 줄어드니 처리 비용도 줄고 환경도 좋아지겠지요. 전기를 아껴 쓰는 일도 매우 중요합니다. 가정마다, 예컨대 플러그 뽑기처럼 조금만 신경 써서 절약을 실천한다면 전기 요금도 줄고 국가 전체적으로 전력 소비를 줄이는 일거양득의 효과가 있다고 생각합니다.

자연과 함께하는 자유로운 삶

강병철(소아과 의사, 꿈꿀자유 출판사 대표, 번역가)

지금 어떤 일을 하고 있나요?

저는 소아과 의사입니다. 제주도에서 소아과 의원을 했었지요. 영국 여행을 떠났다가 유럽 문화에 매료되어 거기서 살아 보려고 의사 면허를 받았습니다. 영국으로 갈 준비를 하던 중 큰 교통사고를 당해 휴양차 9년 전 캐나다 밴쿠버로 왔습니다. 이후로는 번역가로 살고 있습니다. 의사이자 번역가로서 가장 보람 있는 일이 무얼까 생각하다가 2013년 '꿈꿀자유'라는 출판사를 시작했습니다. 건강을 지키기 위해 꼭 필요한 정보를 알기 쉽게 사람들에게 알리는 것이 목표입니다.

병을 앓는 이는 두 가지 고통을 겪습니다. 질병으로 인한 고통이 첫 번째라면 정보 부족으로 인한 고통이 두 번째입니다. 제가 출판사를 차린 이유는 정보 부족으로 인한 고통을 겪는 분들께 올바른 정보를 전달하고 싶었기 때문입니다. 저는 출판사를 차릴 때부터 성장을 지향

하지 않았습니다. 작은 출판사로서 누릴 수 있는 독립성과 자유가 중요하기 때문이죠. 제 바람은 우리나라에 작은 출판사들이 많이 생기고 유지될 수 있는 환경이 만들어지는 것입니다. 출판은 한 사회의 지식을 생산하고 유지하는 핵심이며, 출판 생태계의 다양성이 유지될 때 사회가 건전하게 발전할 수 있다고 믿으니까요.

중·고등학교 시절, 어떤 학생이었나요?

저는 아주 가난한 집에서 자랐습니다. 고1 때부터 부모님이 하시는 빵집에서 일을 도왔습니다. 손님이 없을 때 수학 문제집을 풀거나, 문고판 책을 읽었지요. 피곤할 때면 진열장 뒤에 종이상자를 깔고 아버지와 번갈아 쪽잠을 자기도 했습니다. 우리 세대는 공부를 잘해서 좋은 대학에 가는 것이 가장 큰 관심사였습니다. 저도 마찬가지였지만 공부를 열심히 한 기억은 없네요. 음악을 자주 듣고 사색을 즐겼던 것 같아요. 기성세대와 사회의 모순을 고민하고 분노와 좌절도 했지만, 겉으로 드러내기보다 빨리 어른이 되어 내 손으로 문제를 바로 잡고 싶었습니다. 친구들과 어울려 록 밴드를 하거나, 몰래 숨어 술을 홀짝거리는 등 소소한 일탈도 있었지만, 부모님이 고생하시는 모습을 보면서 자제했습니다.

저는 천성적으로 지식 나누기를 좋아하는 것 같아요. 고등학교 때 방학이면 친구들을 모아 수학을 가르쳤습니다. 친구들 성적이 올랐고 그 일로 표창도 받았지만, 무엇보다 큰 도움을 받은 사람은 제 자신이었습니다. 수학 실력이 확고해진 데다 마음도 뿌듯했으니까요.

살면서 좌절한 적이 있나요?

좌절의 기억이 없는 사람은 없겠지요. 우선 대학 들어가서 심각한 학습 문제를 겪었습니다. 어찌 된 셈인지 책을 한 글자도 읽을 수 없었어요. 아버지의 강권에 못 이겨 의대를 갔는데, 거기서 공부하지 않고 살아남기 어려웠기에 자꾸 다른 과로 옮길 궁리만 했습니다. 피하려고만 한 거지요. 그러다 본과 3학년 때에 병원 실습이 시작되며 직접 환자들을 만나니 좀 할 만하더군요. 병으로 고통받고 있는 분들께 변변치 않은 지식이나마 설명을 꼼꼼하게 해 주면 아주 고마워했습니다. 그 일이 계기가 되어 공부를 계속할 수 있었습니다.

또 하나는 큰애가 학교에 다니면서 왕따를 당했던 일입니다. 틱 장애와 강박증이 있었는데, 그 때문에 친구를 사귀고 의사소통하기 어려웠습니다. 왕따는 정말 심하고 조직적이더군요. 제가 매일 진료하는 아이들이 무서워졌습니다. 제가 학교에 다닐 때는 겪어 보지 못했던 일이라 우리 사회에 많이 실망을 한 데다, 문제를 해결할 생각은 않고 덮으려고만 하는 학교에도 절망했지요. 외국에서 살고 싶긴 했지만, 한국에서 개원해서 성공한 상태라 떠나기를 결정하기가 쉽지 않았습니다. 나중에 캐나다에 와서 이곳 학교에 다녀 보니 정상적인 사회와 교육이 어떤 것인지 알겠더군요. 그러니 두 번째 좌절은 극복했다기보다는 도망친 셈이 되겠네요.

삶에 전환점이 있었다면 언제인가요?

제주에서 공중 보건의로 3년을 근무했는데요. 일을 마치면 서울로 올라가기로 되어 있었습니다. 콩팥의 생리학에 관심이 많았고, 나름 상당히 우수한 경력도 있었습니다. 당시 아산병원, 삼성의료원 등 큰 병원들이 문을 열고 젊은 의사들을 적극적으로 받아들였기에 의사로서 앞길이 탄탄했지요. 하지만 제주에서 3년을 살면서 자연 속에서 자유롭게 내가 하고 싶은 일을 하며 사는 삶이 얼마나 만족스러운지 깨달았기에 고민했습니다. 그때 예정대로 서울로 가서 의학 공부를 계속했다면 지금쯤 교수로, 연구자로 살고 있겠지요. 물론 명예롭고 보람도 있겠지만 후회는 없습니다. 자연을 벗 삼아 실컷 공부하고, 듣고 싶은 음악 실컷 듣고, 가고 싶은 곳으로 언제라도 훌쩍 떠날 수 있는 지금의 삶이 훨씬 좋아요.

두 번째는 한국을 떠나기로 한 것입니다. 당시 제 병원이 전국에서 손꼽힐 정도로 환자가 많았어요. 지역 사회에서도 나름 신뢰를 얻고 있었기에 이민을 가겠다고 하니까 주변에서 모두 미쳤다고 했습니다. 그런데 저는 더 늦기 전에 모험을 해 보고 싶었어요. 이민 후 고생도 많이 했지만 모험을 통해 인간적으로 성숙해지고, 다른 이들의 삶을 바라보는 시각이 깊어졌다고 생각합니다.

삶에서 무엇이 가장 귀하다고 생각하나요?

첫째는 너그러운 마음입니다. 너그러운 마음은 사정과 맥락을 살피는 데서 나옵니다. 한국 사회는 세대와 계층 간의 갈등이 심해요. 하지만 다른 사람이 왜 그렇게 말하고 행동하는지 사정과 맥락을 살피면 세상에 이해하지 못할 일은 없습니다. 불의에 맞서고 잘못된 일을 바로잡는 것은 중요하지만, 세상 모든 것을 옳고 그름의 차원으로 환원시킬 수는 없습니다. 기본적으로 자신과 남에게 너그럽지 못하면 정의가 실현되더라도 세상은 '정의로운 지옥'이 되고 말 겁니다.

둘째는 넓은 시각을 갖는 것입니다. 얼마 전 "진화적 관점과 생태적 관점이 중요하다"는 한 교수님의 글을 보았는데 전적으로 동감입니다. 우리 각자는 무한한 시간과 공간이 인연에 의해 딱 만난 곳에서 태어나 살아갑니다. 시간의 맥락에서 자신을 살피는 것이 진화적 관점이고, 공간의 맥락에서 자신을 살피는 것이 생태적 관점입니다. 진화적 관점을 지니면 자신과 타인을 보다 깊고 완전하게 이해할 수 있습니다. 생태적 관점을 지니면 나를 둘러싼 세상과 만물이 서로 연결되어 있다는 사실이 눈에 들어옵니다. 두 가지 관점은 갈등과 환경 파괴의 양상이 날로 치열해지면서 파국으로 치닫는 오늘날 우리의 생존을 위해서도 반드시 필요합니다.

이상적인 사회나 세상의 모습은 어떤 걸까요?

일단 모든 사람이 스스로 서야 합니다. 생계의 차원이든, 개인적 도덕의 차원이든, 사회적 역할의 차원이든 모든 면에서 각자 자신의 삶을 온전히 감당하려고 노력해야 합니다. 그게 되고 나면 주변을 돌아

봐야 합니다. 어려운 사람이 있으면 손을 내밀고 등을 두드려 줘야 합니다. 누구나 그런 모습으로 살 수 있도록 환경을 만들어 주고, 약한 자가 밀려나거나 뒤처지지 않도록 돌봐 주는 것이 이상적인 사회라고 생각합니다.

여기서 약한 자란 여성, 노인, 어린이, 장애인들뿐만 아니라, 인간보다 약한 존재인 모든 동식물과 자연환경을 포괄하는 개념입니다. 당장 편익과 쾌락에 눈이 멀어 다른 사람과 생명과 대자연을 이용하고 착취하지 않는 모습으로 살아가려면 개인적인 깨달음과 결단도 중요하지만 사회적 제도와 기풍 역시 중요합니다. 특히 생명과 행복에 대한 성찰 없이 폭주하는 현재 신자본주의 체제에 대한 반성과 새로운 질서에 대한 모색이 너무나도 절박합니다.

생활 속에서 생태적으로 사는 방법 한 가지 알려 주세요

아주 간단히 말하자면 아껴 쓰는 겁니다. 지구 상의 자원은 유한하고, 우리가 소비한 모든 것은 다시 원래 모습으로 돌아가지 못합니다. 그뿐만 아니라 그 영향이 반드시 나에게 미칩니다. 내가 함부로 써 버린 합성 세제나 샴푸는 돌고 돌아 내가 마시는 물에 섞여 내 몸속으로 돌아옵니다. 내가 타고 다닌 자동차의 배기가스는 돌고 돌아 숨 쉴 때 내 폐 속으로 들어옵니다. 내가 한때의 기분에 사로잡혀 마구 사들인 옷가지들을 만드느라 나를 둘러싼 하늘과 땅과 바다와 숲이 망가집니다. 내 몸도 망가지고 내 자식들, 또 그 자식들의 몸도 망가집니다. 우리의 후손들은 더 이상 소비할 것이 남지 않은 행성에 태어나 헐벗은 채로 살아갈지도 모르지요.

우리는 과학을 맹신하여 다른 별로 옮겨가거나, 핵융합으로 무한한 에너지를 확보하기를 꿈꾸지만 우리의 욕심을 다스리지 못한다면 다시 똑같은 문제가 반복될 뿐입니다. 자신을 둘러싼 모든 것은, 생명이 있든 없든 귀한 인연으로 나와 마주친 것입니다. 아무 생각 없이 써 버릴 것이 아니라 그것이 내게 오기까지 거쳐온 길과 나를 떠나 거쳐 갈 길을 생각하며 귀하게 대접해야 합니다.

그중 제일은 사람의 마음입니다

이영이(볍씨학교 교사)

지금 어떤 일을 하고 있나요?

2013년부터 볍씨학교 제주학사에서 삽니다. 선생 노릇 한다기보다는 같이 산다고 하는 게 맞는 것 같습니다. 가끔 방문하시는 분 가운데 "뭐 가르쳐요?"라고 묻는데 그때 뭐라 답해야 할지 떠오르지 않습니다. 아침 달리기부터 시작해 잠들기 전 하루를 돌아보고 백팔 배까지 하루하루를 충실하게 살아가는 게 전부인 거 같습니다.

하루 중 가장 많은 시간을 보내는 곳은 밭입니다. 우리가 농사짓는 3500평의 밭은 열여섯 명이 부지런히 씨 심고 풀 뽑기를 해도 늘 해야 할 일이 많습니다. 때때로 마을 어른들의 밭일에 불려 나가기도 합니다. 마흔 살부터는 농사를 지으며 살고 싶었는데 꿈만 꾸다 50이 훌쩍 넘은 나이가 돼서야 이곳 제주에 와서 아이들과 농사를 지으며 꿈을 실현하게 되었습니다.

제주학사는 광명에 있는 볍씨학교의 졸업반인 중3 아이들이 1년 동안 자립 생활을 하기 위해서 만들어졌습니다. 지난 8년 동안 광명 볍씨학교에서 배웠던 것을 몸으로 살아 보는 과정입니다. 2013년 한 학기로 시작해 2014년부터는 1년 과정으로 운영됩니다. 좀 더 경험하고 싶다면 제주에서 1년은 더 남을 수 있습니다.

제주학사는 교과 과정이란 것이 따로 없습니다. 그때그때 만나는 사람이 다 선생님이 되고 배움의 기회가 됩니다. 해마다 아이들이 바뀌듯이 매해 배움의 내용이 달라지는데 나 역시 해마다 새로운 배움의 시간을 아이들과 함께하고 있습니다.

중·고등학교 시절, 어떤 학생이었나요?

말이 없는 아이였습니다. 존재감 없이 살다가 중학교에 입학해서 담임 선생님이 제 이름을 불렀습니다. 그리고 반 아이들 이름을 적어 오라고 시켜서 돌아다니며 일일이 알아내서 표에 채워 넣었습니다. 그 뒤부터 사람들과 말을 하기 시작했습니다.

중학교 2학년 때 언니가 죽었습니다. 감성적인 사람이어서 밤마다 소설을 썼어요. 당시 펜에 잉크를 묻혀 빼곡하게 써 내려간 글 모음 노트를 쌓아 놓으니 1미터가 넘었습니다. 아버지는 언니 장례를 치른 며칠 뒤 쭈그리고 앉아 그 공책을 태웠습니다. 그 장면은 지금도 잊히지가 않습니다. 언니의 죽음 이후 계속 삶과 죽음에 대해 고민했습니다.

고등학생 때는 친구들과 어울려 지냈습니다. 포도밭, 배밭을 돌아다니며 지내기도 하고 시험공부 한다고 이집저집 몰려다니며 밥도 같이 먹고 밤새 이야기를 나누기도 했습니다. 주로 듣는 편이었는데 특히 친구와 그들 부모님 사이의 갈등 같은 흥미로운 주제여서 시간 가는 줄 몰랐습니다. 그렇게 친구들과 모여서 맛있는 거 해 먹고 수다를 떨면서 밤을 지새우는 게 그나마 학교 다니는 재미였습니다.

가난한 집안 형편 때문에 상업고등학교를 선택했습니다. 3년 동안 전액 장학금과 대학 입학금까지 지원해 준다는 약속을 받고 진학했는데 타자나 주산 같은 상과 과목에서 점수를 못 받아 전교 1등을 유지하기가 어려웠습니다. 선생님들이 대학에 가서 공부를 계속해야 한다고 부모님을 설득했습니다. 그래서 고2 2학기부터는 아예 학교에 다니지 않고 혼자 공부하게 되었습니다. 서울 사는 먼 친척 집에서 그 집 아이들을 공부시켜 주는 대가로 숙식을 해결했습니다. 그러나 공부하는 시간보다는 방황하는 시간이 많았습니다.

시험 준비가 되어 있지 않아 대학 입학을 포기하려 했지만 고등학교 담임 선생님과의 약속을 어길 수 없었습니다. 좋은 선생이 되어 모교의 후배들을 위해 헌신하기로 했던 그 약속이 아니었으면 굳이 대학에 들어가지 않았을 것입니다.

살면서 좌절한 적이 있나요?

제 삶은 좌절의 연속이었습니다. 첫 번째 원인은 어머니의 차별이었습니다. 같이 잘못을 해도 아들 편만 드셨습니다. 저는 억울하고 분했지만 당장 할 수 있는 건 없었습니다. 공부를 열심히 해서 아들보다 잘 나가는 딸이 되자고 다짐했습니다. 어머니와의 갈등이 해결된 건 고등학교 2학년 봄이었습니다. 당시 강릉으로 학도호국단(지금의 학생회) 간부 수련회에 갔습니다. 숙소가 바닷가에 있었는데 밤이 되자 유난히 파도가 쳤습니다.

밤새워 뒤척이면서 잠을 못 이뤘는데 그때 어머니가 떠올랐습니다. 갑자기 어머니가 한 여성으로 이해되었습니다. 황해도 해주에서 지주의 딸로 태어나 풍족하게 살다가 전쟁을 겪었습니다. 3일만 피신하면 된다는 사촌 오빠의 말을 듣고 연평도로 넘어왔다가 북한군에게 잡혀 죽을 고비를 넘기기도 했습니다. 휴전 이후에는 고향으로 못 가고 충청도와 인천 곳곳을 돌아다니며 문전걸식하다시피 하며 살아야 했지요. 자녀를 일곱까지 두었지만 남편은 경제적으로 무능했기에 악착같이 돈을 벌면서 아이들을 키워야 했습니다.

그런 생각을 하자 그 여인의 인생이 가엾어졌습니다. 연민의 마음으로 밤을 새워 가며 부모님께 편지를 썼습니다. 그 뒤로 가족에 대한 상처와 아픔에서 해방되어 사회에 대한 관심과 활동에 에너지를 집중할 수 있었습니다.

20대에도 좌절을 경험했습니다. 군사독재 시절 대학에서 현대사를 공부하고 난 뒤 좋은 세상이 되려면 일하는 사람들이 주인이 되어야 한다는 생각에 공장에 들어갔습니다. 그런데 일솜씨가 너무 형편없었습니다. 나이도 훨씬 어린 동생들 손끝이 야무져서 따라갈 수 없었습니다. 방직 공장과 전자 회사를 돌면서 조금 적응이 됐지만 여전히 몸으로 하는 노동에는 자신이 없었습니다. 그럼에도 나의 생각을 실천하고자 노력했습니다. 완벽할 수는 없다 해도 최선을 다해야 한다고 지금도 생각합니다. 당시의 경험은 어려운 일이 닥쳤을 때 도망가고자 하는 나약한 마음을 극복하게 하는 힘이 되었습니다.

삶에 전환점이 있었다면 언제인가요?

고등학교 때까지만 해도 대학만 가면 진짜 공부를 할 수 있으리라는 희망을 갖고 있었습니다. 그런데 막상 입학하고 보니 고등학교 공부의 연장이었습니다. 토론은 없고 교수들이 칠판 가득히 적은 내용을 외워서 시험을 보았습니다. 실망한 나머지 한 달 만에 휴학을 했다가 다시 학교로 돌아갔는데 그때 학교 게시판에 동아리 모집 글이 눈에 띄었습니다. "진리는 반드시 따르는 자가 있고 정의는 반드시 이루는 날이 있다." 그 문구를 보는 순간 가슴이 뛰었습니다. 그날 점심시간이 되기를 기다렸다가 '아카데미'라는 동아리방에 찾아갔는데 선배들이 기타 치면서 상록수라는 노래를 불렀습니다. 뭔가 길이 보이는 듯했습니다. 선배들과 함께 사회과학 공부를 열심히 했고 데모도 열심히 했습니다. 그것이 개인의 삶에서 사회적 삶으로 전환하게 된 계기였습니다. 그 뒤로 학생 운동, 노동 운동, 시민 운동과 교육 운동을 하면서 살게 되었습니다.

삶에서 무엇이 가장 귀하다고 생각하나요?

모든 생명 있는 것들이 다 귀하지만 그중 제일이 사람의 마음입니다. 우리 모두에게는 두 가지 마음이 있습니다. 하나는 자기만 생각하는 이기적인 마음이고 다른 하나는 본능에 따른 욕구를 넘어서서 다른 사람과 전체를 생각하는 마음입니다. 우리에게는 두 가지 마음이 공존하지만 내가 조금 불편해도 전체를 위해 기꺼이 감수하는 마음이 더 커지도록 하는 것, 목숨을 바쳐 다른 이들을 살리는 일이 아니더라도 양보하고 손해를 감수하면서 사는 게 중요하다고 생각해요. 인간이 이기심을 넘어서는 순간 거룩하고 위대한 존재가 됩니다. 귀찮고 불편한 걸 선택하는 순간들이 모여 오늘날의 사회와 문화를 이루어 온 것입니다.

내가 오늘 만난 수많은 생명들, 조금 전 밥상에 오른 생명만 떠올려도 우리 인간이 자연의 관계망 속에서 존재한다는 걸 느낄 수 있습니다. 그 안에 햇볕과 바람과 비 그리고 수많은 사람이 다양한 형태로 참여합니다. 밥 한 그릇 안에 셀 수 없이 많은 관계가 들어 있어요. 그러니 고마운 마음이 들 수밖에 없지 않겠어요? 나를 위해서라도 다른 생명의 목숨을 소중히 여겨야 합니다. 서로 존중하고 서로 살리는 생명 세상은 자유롭습니다. 자신의 본성대로 꽃피울 수 있습니다. 이를 깨닫고 마음가짐을 잘하는 것이 중요합니다.

이상적인 사회나 세상의 모습은 어떤 걸까요?

이상 기후로 많은 생물종이 지구 상에서 사라지고 있습니다. 우리 인간의 편리함을 대가로 하루에도 수많은 생물들이 멸종하고 있어요. 인간 중심의 사고와 생활방식은 지구 생명계를 위협한다는 사실을 알게 되면서 일상을 바꿔야 한다고 생각했습니다. '어떻게 하면 에너지를 덜 소비하면서 살 수 있을까?' 하는 고민 끝에 걷기를 시작했습니다. 에너지가 많이 드는 교통수단을 이용하지 않고 30~40분 정도 걸어서 갈 거리면 무조건 걸었습니다.

버려지는 물건들이 안타까워 회원들과 나눔 장터를 열었습니다. 아파트 단지에서 작게 시작했다가 나중에는 볍씨학교가 있는 광명시 차원에서 열렸고 10년이 넘도록 운영되었습니다. 이런 작은 실천이 지구를 살린다고 생각합니다. 모든 생명을 인간과 동등하게 바라보면 불필요한 소비를 하지 않을 것이고 그러면 넘쳐 나는 쓰레기로 인한 환경파괴도 줄일 수 있을 것입니다.

저는 이런 생태적 삶을 사는 사람들의 공동체를 꿈꿉니다. 우리는 거대한 도시에서 익명의 삶에 익숙해져 있습니다. 돈이 없으면 아무것도 할 수 없고 그 누구도 믿을 수 없습니다. 불안과 두려움은 현대인이 갖는 기본 정서가 되었어요. 작은 공동체야말로 사람의 관계를 회복할 수 있는 유일한 시스템이라고 믿습니다. 공동체를 살다 보면 경쟁이 아니라 협력과 협동이 삶의 원동력이며 행복의 원천이라는 것을 알게 됩니다. 한 사람이 깊게 관계 맺는 사람의 수는 20여 명 수준이라고 합니다. 수백, 수천의 사람들을 알고 지내도 외로운 게 현대 사회입니다. 뜻이 맞는 사람들이 함께 모여 사는 공동체, 마을 공동체가 살아나야 우리의 삶이 더욱 행복해질 거라 생각합니다. 또한 사회에 대한 관심과 참여가 활발해져야 민주주의는 더 진전될 것입니다.

더불어 사는 세상은 어울려 사는 것뿐만 아니라 함께 책임지는 것을 포함합니다. 공동체 안에서는 누구나 리더가 될 수 있습니다. 스스로 책임지고 삶을 꾸려 나가는 그런 사회를 꿈꾸면서 저는 오늘도 마을에서 살아가고 있습니다.

생활 속에서 생태적으로 사는 방법 한 가지 알려 주세요

우선 내 몸을 사랑해야 합니다. 우리의 몸은 자연 자체입니다. 화학물질을 사용하면 몸도 자연도 해치게 됩니다. 예컨대 샴푸로 머리를 감으면 많은 물을 사용합니다. 대신 천연 비누를 쓰면 물도 적게 쓰고 건강에도 좋습니다. 생태적으로 사는 건 단지 불편한 것을 감수하는 것이 아니라 자기를 위하는 일입니다. 새 옷은 화학 물질이 많지만 나눔 장터에서 산 옷은 그동안 화학 물질이 빠져나갔을 테니 좀 더 안전합니다.

생태적인 삶에서 으뜸은 농사입니다. 도시에서 살 때는 음식물 쓰레기를 버릴 때마다 죄책감을 느끼곤 했습니다. 그래서 적게 요리하고 남은 음식물 관리를 철저히 했지만 어쩔 수 없이 버리는 음식이 생겼습니다.

제주학사에서는 먹고 난 수박 껍질까지 집으로 가져와 퇴비를 만듭니다. 똥오줌은 발효 과정을 거쳐 질 좋은 퇴비로 만들어요. 도시에서

처럼 화장실에서 버려지는 물 때문에 고민할 필요가 없습니다. 내 몸에서 나오는 것을 자연으로 되돌려 주는 가장 완벽한 시스템이라고 할 수 있습니다. 농사를 지으면 먹고 배설하는 모든 것을 자연으로 되돌릴 수 있습니다.

도시에서도 농사는 가능합니다. 텃밭을 가꾸면 됩니다. 자신이 먹을 걸 키워 보면 자연을 함부로 하지 않게 됩니다. 땅과 가까운 사람들은 세상을 어지럽히지 않습니다.

고르게 인간답게 사는 사회

하승수(비례 민주주의 연대 공동 대표, 전 녹색당 공동 운영 위원장, 변호사)

지금 어떤 일을 하고 있나요?

선거 제도를 개혁하자는 시민운동을 합니다. 변호사 활동을 했었는데, 휴업한 지 12년이 되었습니다. 중간에 대학교수로 생활도 했었고요. 시민 사회의 다양한 영역에서 활동했습니다. 참여연대에서 권력 기관, 재벌 기업 감시 활동도 했고, 지역 풀뿌리 시민운동에도 참여했습니다. 2011년 일본에서 후쿠시마 원전 사고를 계기로 녹색당 창당에도 뛰어들었습니다. 2012년 3월에 창당 이후 사무처장, 공동 운영 위원장을 맡았습니다. 2016년 9월 말로 임기를 끝내고 다시 시민운동가로 돌아왔습니다.

지금은 선거 제도 개혁에 힘을 쏟고 있는데, 그 이유는 정치가 바뀌지 않으면 불평등, 기후 변화 같은 문제를 해결하기가 어렵기 때문입니다. 정치를 바꾸려면 공정한 선거 제도가 필요합니다. 한국의 선거 제도는 유권자들의 표심을 왜곡시키는 '승자 독식'의 제도입니다. 이를 바꿔야 해요.

이런 제도를 바꾸기 위해서는 정치권이 움직여야 하는데 전국적인 운동이 되지 않으면 정치권을 움직일 수가 없습니다. 그래서 요즘은 전국을 다니며 강연을 합니다. 강연 주제는 연동형 비례 대표제인데요. 우리는 막연하게 직선제가 민주주의를 진전시켜 줄 거라고 생각합니다. 그런데 현실은 그렇지 않습니다. 더 구체적이고 좀 더 민주주의를 제대로 실현할 수 있는 선거 제도에 대한 고민, 직접 민주주의의 대한 고민들이 부족하지 않았나 하는 생각을 합니다. 지금까지 우리의 정치를 들여다보면 거대한 정당 두 개 정도가 정치를 장악해 왔고 그 속에서 다수의 시민이나 약자들, 소수자들의 목소리는 정치에 반영되지 못하는 결과를 낳았다고 생각합니다. 그것이 지금 '헬 조선'이라는 단어가 등장하게 된 배경이라고 보고요.

민주주의를 실현하기 위한 한 방법으로 선거 제도 개혁이 중요합니다. 가령 덴마크는 국회의원이 175명 있는데요. 1등 한 정당이 47석밖에 못 가져가요. 왜 그런가 하면 정확하게 정당이 받은 득표율만큼만 의석을 가져갈 수 있기 때문이에요. 선거 제도가 그렇게 되어 있어요. 그러니까 다양한 정당이 자기가 받은 표만큼 의석을 가져가는 겁니다. 그렇게 되니까 민심이 고스란히 반영되는 선거 제도일 수밖에 없지요. 연동형 비례 대표제는 전체 의석에서 정당이 얻은 득표율에 따라 의석 수를 갖게 되는 선거 제도입니다. 연동형 비례 대표제를 도입한 다른 나라들도 덴마크처럼 각 정당이 얻은 득표율에 따라 전체 국회 의석을 배분합니다. 그에 비해 우리나라는 대부분(300명 중에 253명)의 국회의원을 소선거구제에 따라 뽑습니다. 소선거구제는 한 지역구에서 가장 많이 득표한 한 명만 당선이 되는 승자 독식의 방식입니다. 당선이 안 된 후보자가 얻은 표는 사표, 즉 버려지는 표가 되는 겁니다.

전체 300석 중 47석만 비례 대표라고 해서 각 정당이 얻은 득표율대로 배분하지만, 의미가 없습니다. 본래 비례 대표제는 300석이면 300석 전체를 정당 득표율대로 배분하는 것인데 300명 중 47석만 정당 득표율대로 배분하는 것은 사이비 비례 대표제입니다. 비례 대표는 장식품에 불과한 것이지요. 그래서 한국의 국회, 지방 의회 선거 결과를 보면 정당이 얻은 득표율과 이 의석 비율이 전혀 일치하지 않습니다.

2014년 경상남도 도의원 선거 결과를 보면 59퍼센트의 득표율을 얻은 새누리당이 전체 55석 중 91퍼센트인 50석을 차지한 반면 득표율 29퍼센트인 새정치민주연합은 3.6퍼센트인 2석만 얻었습니다. 이게 얼마나 큰 모순인가요? 선거 제도는 국민들의 행복과도 직결된다고 생각합니다. 그동안 부러워했던 우리보다 삶이 나은 나라들을 보니까 그 나라들의 공통점이 바로 정당이 얻은 득표율대로 의석을 배분하는 연동형 비례 대표제, 쉽게 말하면 '민심 그대로 선거 제도'를 시행하고 있었더라고요.

이런 선거 제도를 100년 전에 도입한 나라들이 많습니다. 연동형 비례 대표제를 실시하는 주요 국가는 노르웨이, 핀란드, 스웨덴, 덴마크,

네덜란드, 독일, 스위스, 뉴질랜드 등인데요. 이들 나라의 공통점은 투표율이 높고 정당 활동이 활발하며 무엇보다 살기 좋은 복지 국가라는 것입니다.

선거 제도를 바꾸는 것이 민주주의를 제대로 하는 것이고 민주주의가 잘 돼야만 서민들이나 약자들, 소수자들의 먹고사는 문제가 해결될 거라 생각합니다. 저는 '민주주의가 밥이고 선거 제도가 밥이다!' 하고 생각합니다. 시민들이 행사한 투표권은 정책으로 움직이는 정당을 만들고 그것은 다시 밥이 되는 민주주의가 되어 시민들에게 돌아오는 선거 제도, 우리도 이렇게 바뀌어야 하지 않을까요? 지금의 정치를 보면, 나쁜 선거 제도에 가로막혀 시민들의 의견이 정치에 반영되지 못하고 있기 때문에 이 일을 하는 겁니다.

제가 이렇게 시민운동을 하는 이유는 의미도 있고 재미도 있기 때문입니다. 지금 대한민국은 행복하지 못합니다. 기후 변화, 원전 사고 위험 같은 생태 위기도 심각하고요. 이런 상황에서 문제를 해결하기 위한 시민운동이나 정치 활동은 의미가 있습니다. 그 과정에서 좋은 사람들을 많이 만날 수 있고, 배우는 것들이 많습니다. 때로는 갈등도 있지만 함께 만들어 가는 '즐거움'이 더 큽니다.

중·고등학교 시절, 어떤 학생이었나요?

군사 정권 시절이어서 사회 분위기가 억압적이었습니다. 그래서 '자유'를 갈망했던 것 같습니다. 친구들과 운동하면서 스트레스를 풀기도 했고요. 사회 문제에 대한 관심이 있어서 신문이나 잡지, 책을 보기도 했던 것 같습니다. 고등학교 시절에는 친구들과 모의해서 사실상 강제였던 야간 자습을 거부하고 집단으로 도망친 일도 있었어요. 다시 그 시절로 돌아간다면 좀 더 많은 경험을 하고 싶어요.

살면서 좌절한 적이 있나요?

1996년부터 시민운동에 참여했는데, 고비도 있었습니다. 녹색당 같은 대안 정당 활동을 하면서는 실패와 좌절도 많았고요. 원내 정당이 되고자 노력했지만, 한 명의 국회의원도 배출하지 못한 것은 큰 좌절이었습니다. 대한민국에서 시민운동, 정치 활동을 하면, '하루는 희망, 하루는 절망'을 되풀이합니다. 뭔가 일이 될 듯하다가 안 되고, 또 가능성이 보이고…. 그래서 지치기도 하고 힘이 들었습니다. 그럴 때면, 혼자 고민하기보다 주변에 있는 좋은 분들과 대화를 나눕니다. 그러다 보면 좋은 생각이 떠오르기도 하고요. 개인적으로는 텃밭을 가꾸면서 풀 뽑기를 한다든지, 좋은 책을 읽는다든지 하면 잡념이 사라지고 머릿속이 정리되는 경험을 많이 했습니다.

삶에 전환점이 있었다면 언제였나요?

제가 여러 단체나 모임에서 활동했는데, 잘 될 때도 있지만 잘 안 풀릴 때도 있었습니다. 재정적으로 어려운 때도 있었고요. 그만두려고 마음먹은 적도 많습니다. 그때 어떤 분이 '아직 그만둘 때가 되지 않았다.

당신은 너무 판단이 빠른 것 같다'고 솔직하게 얘기해 줬는데, 제게는 큰 성찰의 계기가 되었습니다. 너무 내 생각만 하고 경솔하게 판단했구나 하는 생각이 들었어요. 일이 잘 안 풀릴 때 혼자 고민하기보다는 주변에 믿을 수 있는 사람들의 얘기를 듣는 것이 중요한 것 같습니다.

삶에서 무엇이 가장 귀하다고 생각하나요?

'관계'가 가장 소중하다고 생각합니다. 결국 사람을 통해 배우는 것이 많습니다. 좋은 사람과 관계 맺는 것만큼 좋은 일은 없다고 생각합니다. 사람은 혼자서 할 수 있는 일이 많지 않습니다. 그동안의 시민운동, 녹색당 활동이 제게 소중한 경험인 이유는 그 일을 하면서 만난 소중한 관계들 때문이에요. 그 관계들 속에서 정말 많은 것을 배웠습니다. 지식이나 정보만이 아니라, 삶을 대하는 태도도 배웠어요. 여러분들도 관계의 소중함을 잊지 않았으면 좋겠습니다.

이상적인 사회나 세상의 모습은 어떤 걸까요?

'고르게 인간답게 사는 사회'가 되었으면 좋겠습니다. 우리가 유럽의 복지 국가들을 부러워하는 이유도 그렇고요. 덴마크, 독일, 네덜란드, 스웨덴, 핀란드 같은 나라들에서 좋은 점을 많이 배웠으면 좋겠습니다. 그들은 무엇보다 지속 가능한 미래를 생각합니다. 저는 이 세상에 이상적인 사회는 없다고 생각하지만, 좀 더 나은 사회는 있다고 생각해요. 배울 점은 배우고 고칠 점은 고쳐야 한다고 생각합니다.

생활 속에서 생태적으로 사는 방법 한 가지 알려 주세요

기후 변화를 일으키는 온실가스 배출을 줄이려면 전기를 덜 쓰고, 먹는 것을 바꾸고, 쓰레기를 덜 만들고, 자동차를 덜 타는 노력이 필요한 것 같습니다. 저도 잘 실천하지는 못하는 편인데요. 그래도 고지서를 확인해서 전기를 얼마나 쓰는지는 꼬박꼬박 챙겨 봅니다. 그리고 저희 집에서는 전기밥솥 등 전기로 음식을 조리하는 것은 안 하고 있는데요. 전기 소비를 줄이는 것도 중요한 실천이라고 생각합니다.

식생활 관련해서는 가능하면 고기를 덜 먹으려고 합니다. 요즘에는 소, 돼지, 닭 등을 '공장식 축산'으로 기릅니다. 좁은 공간에 가둬 놓고 사료를 먹이는 것인데, 동물에게도 잔인한 일이지만 사람의 건강에도 좋지 않습니다. 그리고 그 과정에서 온실가스가 대량 배출됩니다. 육식을 줄여야 해요.

섬마을에서 일구는 공동체의 꿈

윤미숙(전남도청 섬마을 가꾸기 전문위원)

지금 어떤 일을 하고 있나요?

전남 지역에서 '섬마을 가꾸기' 프로젝트를 담당하고 있습니다. 일종의 '마을 만들기' 사업인데 그 대상지가 섬이라는 특징이 있습니다. 거의 매일 섬으로 출퇴근하면서 섬 주민들과 함께 마을 공동체를 공부하고, 사업안을 기획합니다. 마을 공동체가 즐겁고 행복하도록, 방문자들이 착한 여행, 공정 여행을 하도록 배려하는 일도 합니다. 여행자들이 왔을 때 묵을 펜션이나 민박, 그리고 식당이나 카페를 만들기도 합니다. 먼 섬도 있고 가까운 섬도 있어요. 힘들지만 저의 작은 열정과 에너지가 한 섬마을의 미래를 바꿀 수도 있다는 생각을 하면 배를 탈 때마다 마음이 설렙니다.

섬 주민은 대부분 할머니, 할아버지입니다. 젊은이들이 떠나고 없어요. 이런 상태라면 머지않아 우리나라 섬 대부분은 비어 버릴 거예요.

안타까운 일인데 아직 정부에서는 무관심입니다. 그러나 섬은 여전히 아름답고 고요합니다. 풍경도 다르고 문화도 조금씩 다릅니다. 섬에서도 아이디어만 있다면 인터넷 판매, 마을 카페 운영, 소규모 기업 운영 등으로 즐겁고 재미있게 살 수 있어요. 그럼에도 너도나도 대도시로만 향하니 안타깝습니다.

일본은 청년들이 섬으로 돌아오고 있다고 해요. 대도시보다 취업이 쉽고 할 일이 많다고 해요. 마을 이장이나 사무장을 맡아서 일하거나 마을 생산물로 '마을 기업'을 만들 수도 있어요. 일본 현장 견학에서 가장 기억에 남는 것은 섬마을로 돌아온 청년들이 주최한 마을 축제였어요. 우리나라도 그렇게 되었으면 합니다.

중·고등학교 시절, 어떤 학생이었나요?

저는 가난한 청소년기를 보냈습니다. 경찰 공무원이셨던 아버지가 병으로 일찌감치 그만두신 관계로 어머니 혼자 다섯 남매를 기르셨어요. 중학교 때까지 시골(거제도)에서 살았는데 훗날 어른이 되어 도시에서 살면서 생각해 보니 정말 행운이었어요. 시골의 넓은 자연에서 마음껏 동물들과 뛰놀던 행복한 기억들이 보물이란 것을 알았거든요.

초등학교 때는 공부를 잘해서 6년 동안 반장을 했어요. 사춘기 때는 시험지를 백지로 내고 나올 정도로 반항심이 컸는데, 부모님들은 잘 몰랐어요. 선생님께 혼도 나고, 방학 때는 집에 말도 안 하고 외가로 가출을 했는데, 결국 외삼촌 손에 끌려 돌아가야 했어요.

가난했지만 동생이랑 오빠랑 즐겁게 지냈어요. 소도 키우고, 염소도 돌보고, 토끼나 닭도 기르면서 산에 가서 땔감도 구해 왔습니다. 그런 생활이었기 때문에 소소한 기쁨이 많았던 것 같아요.

고등학교는 야간에 다녔어요. 낮에는 공장에서 일하고 밤에는 공부하는 생활이었는데 좀 힘들었습니다. 1년 정도 다니다가 그만두고 검정고시를 봐서 합격했습니다. 그러나 미성년자라 취직할 데가 없었어요. 친척이 운영하는 서점에서 점원으로 일하고 초등학생 과외 수업을 하기도 했습니다. 그때부터 도서관에서 살다시피 했는데 정말 행복했습니다. 독서에 빠지면 세상 무엇보다 즐겁고 영혼이 자유롭습니다. 지금 생각해 보면 10대 때부터 내 인생은 내가 책임져야 한다는 생각이 강했던 것 같습니다. 독립심이 좀 남달랐어요. 일찌감치 철이 든 거죠.

살면서 좌절한 적이 있나요?

삶에서 좌절은 기본 양념 아닌가요? 계속 해만 나면 나무도 말라죽어요. 비 오고 천둥 치고 번개도 쳐야 잘 자랍니다. 인생도 마찬가지라고 생각합니다. 어릴 때부터 몸이 안 좋았는데, 방에 누워서 일어나지도 못하고, 학교도 못 갈 때 죽고 싶다고 생각했습니다. 무엇보다 일반 고등학교 진학을 포기하겠다고 말씀드렸을 때 어머니께서 달밤에 부엌에서 혼자 숨죽여 우시더군요. 많이 후회했습니다.

그래서 나중에 대학 입학 시험을 봤는데 세 번이나 실패했어요. 이때도 상처가 깊었습니다. 자책감, 자괴감에 휩싸여 사람을 만나지 않고 골방에 처박혀 한 달을 보냈습니다. 그러다 취직을 했어요. 경제적인 독립은 10대부터 했지만, 성인이 되어 정식으로 시작한 직장 생활은 즐겁고 신났습니다.

월급을 타면 30퍼센트는 저금, 30퍼센트는 먹고살기, 나머지 남은 것으로 국내 여행을 다니는 것으로 목표를 잡았습니다. 틈날 때마다 조금씩 국내 구석구석을 다녔습니다. 한국의 100대 명산은 20대 초반에 다 가 보았을 정도였어요.

직장 생활을 하면서 공부를 병행했습니다. 방송통신대학에서 교육학과 국문학 공부를 했고, 병드신 어머님을 모시면서 지방 대학에서 '사회 복지학'을 공부했어요. 지금은 서울디지털대학에서 국문학을 전공하고 있으며 곧 졸업을 앞두고 있습니다. 공부는 죽을 때까지 하는 거라고 저는 생각합니다. 자신이 원하지 않는 학습, 본인이 즐겁지 않은 공부는 할 필요가 있을까요? 대학 종류도 많아지고 본인이 마음만 먹으면 언제든지 공부할 수 있는 시스템이 우리나라엔 이미 갖춰져 있으니까요.

좌절이나 슬픔은 인생의 필수 불가결한 조건이라고 생각합니다. 피한다고 오지 않는 것이 아니니까요. 누구에게나 공평하게 옵니다. 다만 그것이 닥쳐왔을 때, 절망하거나 피하지 말고 '음! 장마철이구나, 이 시기를 지나고 나면 작물이 잘 자라겠거니.' 하고 생각하세요. 힘들 때마다 '이 또한 지나가리라' 하고 마음먹는 것도 좋습니다. 죽을 만큼 힘들어도 지나서 돌아보면 추억 아닌 것이 없습니다.

삶에 전환점이 있었다면 언제였나요?

저는 십수 년 전부터 '지속 가능성'에 대해 관심이 있었습니다. 통영 동피랑마을, 강구안 구도심 재생 사업, 에코아일랜드 연대도 조성 사업 등에 참여했고요. 그전에는 엔지오에서 환경 관련 일을 했는데 그때가 제 인생의 전환점이었던 것 같습니다. 삶의 가치관이랄까 인생관이 바뀌었어요. 그전에는 저도 남과 비교하면서 상대적인 박탈감 속에서 살았습니다. 환경 단체에서 일하면서 존재의 가치, 생명의 소중함, 지구라는 작은 별에 대한 애착심과 예의, 이런 것들을 배웠어요. 최저 임금에도 못 미치는 급여를 받았으나 행복 지수는 가장 높았습니다. 물질에 대한 욕망에서 벗어나 단출한 삶이 더 멋지다는 사실을 깨닫게 되었지요.

삶에서 무엇이 가장 귀하다고 생각하나요?

세 가지를 꼽을 수 있는데요. 우선 많이 읽는 것이 중요합니다. 독서는 자기를 단련시킵니다. 자신을 괴롭히던 가치 없는 것들이 저절로 떨어져 나갑니다. 책과 친하면 삶이 풍요롭고 행복합니다.

두 번째는 여행입니다. 친구들과 어울려서 놀러 가는 것 말고, 혼자 하는 여행을 권합니다. 먼 외국까지 안 가도 좋습니다. 가까운 거리, 내가 사는 도시의 이곳저곳을 살펴보고 여행해 보세요. 외딴곳에 자신을 놓아 주세요. 몸과 영혼이 자유롭습니다.

세 번째는 사랑입니다. 가볍게 만나서 쉽게 헤어지는 만남을 반복하면 인간에 대한 깊이가 없어집니다. 천천히 오래 만나고 사랑하고, 헤어지고 하는 시간이 삶을 윤기나게 할 것입니다.

이상적인 사회나 세상의 모습은 어떤 걸까요?

예와 의가 넘치는 사회입니다. 요즘 '갑질'이 언론에 자주 등장하는데요. 이것도 '예'와 관련이 있습니다. 회사 대표가 직원들에게 정당한 대우와 인격적 존중을 하는 것이 바로 예와 의에 속하기 때문입니다. 가진 사람들이 덜 가진 사람에게 미안해하는 마음을 갖고 겸손하게 사는 것도 예의이고, 사람이 자연을 대하는 겸허하고 감사하는 마음도 예의일 것입니다. 상식적인 수준에서 예와 의가 온 사회에 만연했으면 좋겠습니다. 더불어 행복하고 온정 넘치는 훈훈한 세상이 되기를 바랍니다.

생활 속에서 생태적으로 사는 방법 한 가지 알려 주세요

동물을 아끼고 사랑했으면 합니다. 그런 사람들은 사회적으로도 악인이 되지 않지요. 곤충이나 뱀, 쥐나 다른 생명도 인간과 모습이 다를 뿐, 다들 가족이 있고 친구가 있는 생명입니다. 인간은 '만물의 영장'이 아닙니다. 생태계의 입장에서 보자면 '만물의 적'이지요. 그런 인간이 야생동물을 보고 더럽다, 무섭다, 하는 것은 참으로 우스운 일입니다. 지구 상 생명체 중에서 가장 잔인하고 무서운 존재야말로 사람이거든요. 모든 동물의 천적은 사람이라는 영악한 종입니다.

버려진 유기 동물에 관심을 가져 주세요. 버림받는다는 것은 어떤 생명에게나 슬프고 충격적인 일입니다. 놀이동산을 가더라도 거기 감옥에 갇힌 돌고래나 사자와 호랑이 같은 동물 친구들의 입장을 한 번쯤 생각해 보았으면 합니다.

생태 감수성이 세상을 바꾼다

"슈퍼마켓은 우리의 사원이다. 쇼핑몰을 거니는 것은 우리의 순례가 된다. (…) 소비하는 즐거움의 충만은 삶의 충만을 의미한다. 나는 쇼핑한다. 그러므로 나는 존재한다. 쇼핑할 것인가 쇼핑하지 않을 것인가는 이제 더 이상 문제가 아니다."

폴란드 출신의 사회학자인 지그문트 바우만의 책, 『왜 우리는 불평등을 감수하는가?』에서 인용한 글입니다. 슈퍼마켓이 사원이라는 바우만의 비유에 공감이 가나요? 쇼핑몰을 거니는 게 우리의 순례가 된다는 말은요? "나는 쇼핑한다. 그러므로 나는 존재한다." 이 말은 데카르트의 '나는 생각한다. 그러므로 나는 존재한다'를 비튼 말이죠. 강의할 때 가끔 이 글귀를 인용하고 어떻게 생각하느냐 물어보면 어른들은 대개가 조금은 무안한 듯 웃으면서 긍정합니다. 어쩌면 자신의 모습을 객관적으로 인지하지 못하다가 바우만의 말을 통해 새삼 느낄 수도 있겠다 싶어요.

여러분도 적극적인 소비자는 아니지만 이미 텔레비전 광고를 통해 유행하는 스마트폰이나 유명 브랜드인 옷, 모자, 신발, 가방 가운데 마음에 쏙 드는 멋진 걸 보고 열광하는 감정을 아마도 느껴 봤을 거라 짐작해 봅니다. 어쩌면 여러분은 아직 돈을 버는 세대가 아니기 때문에 소비에도 제한이 있고 그래서 이 글에 충분히 공감 못 할 수도 있을 거예요. 그럼에도 바우만의 글을 인용한 것은 우리가 살고 있는 소비 사회를 아주 적절하게 비유했기 때문이에요.

새로운 것에 매료되는 것은 어쩌면 인간 모두의 공통된 성향일 수 있어요. 그런데 그 새로운 것을 보고 즐거워하거나 놀랍거나 하는 감정에서 한발 더 나아가 소유하고 싶다는 감정은 어떻게 봐야 할까요? 왜 소유하고 싶은 감정이 생기는 걸까요?

쇼핑몰에 전시되어 있는 물건들은 사람들의 심리를 잘 활용해서 사고 싶도록 배치됩니다. 유명 연예인이나 멋진 모델들이 그 물건을 들거나 걸치거나 착용하고 있는 모습을 보면 그 물건을 사고 싶은 심리가 작동하거든요. 연예인이나 모델의 멋진 모습이 곧 나일 수 있다는 착각을 불러일으키기 때문이죠. 새로운 제품을 시장에서 만나기 전에 우리는 텔레비전에서 먼저 만나게 됩니다.

프랑스의 정신 분석학자이자 철학자, 기호학자, 사회 활동가였던 펠릭스 가타리는 생태 철학에 관해 여러 저작을 남겼어요. 가타리는 자본주의를 유지할 수 있게 만드는 매우 유연한 예속 장치로 텔레비전을 꼽더군요. 텔레비전이 대중들의 무의식, 심상, 정서들을 결정하는 걸 보면서 그런 생각을 했다고 합니다. 텔레비전은 언어, 비언어, 이미지 등을 통해 욕망을 조작하죠. 가타리에 따르면 텔레비전은 대중들이 스스로 욕망을 생산하여 창조적이고 도전적인 행동에 나서는 것을 막고, 부드럽고 달콤한 메시지들 앞에서 넋이 나가도록 만든다고 해요.

텔레비전이 던져 주는 영상과 이미지가 만들어 내는 욕망을 대중들은 눈치채지 못한 채 소비합니다. 가타리도 언급했듯이 사실 욕망이 모두 부정적인 건 아니에요. 대중 스스로가 창조적이고 도전적인 행동에 나서는 것은 매우 긍정적인 욕망이지요. 본래 욕망은 우리의 몸, 감성, 그리고 타자와의 상호 작용을 통해 작동되는 생명의 에너지입니다. 세상의 변화를 가져오고 싶어 하는 바람도 욕망에서 비롯되죠. 생태적으로 살려고 하는 것도 긍정적인 욕망이고요. 다만 오늘 우리가 욕망한다고 할 때의 그 욕망은 많은 부분이 도착적인 욕망 혹은 뒤틀린 욕망이라 할 수 있어요. 여러분도 욕망이라고 하면 부정적인 생각을 먼저 하게 될 거예요. 그렇다면 욕망은 왜 이리 뒤틀리게 되었을까요?

가타리는 소통되지 못하고 무언가에 의해 가로막히기 때문에 생긴다고 진단했어요. 어디까지나 가타리의 생각입니다만 저는 그의 생각에 동의합니다. 그렇다면 가로막고 있는 건 무엇일까요? 돈이나 권력과 같은 것들로 인해 가로막혀 있다고 가타리는 말합니다. 돈과 권력과 명예로 욕망이 대변되는 게 현실인 걸 보면 고개가 끄덕여집니다. 텔레비전 속에서는 재벌 2세쯤 되는 능력자가 등장해서 정의로운 일을 해치웁니다. 혹은 가난한 여자가 재벌 2세의 마음을 사로잡아 신분 상승을 하기도 하죠. 비싼 차를 타야 나의 품위가 유지된다고 속삭이고요. 더 좋은 물건들이 끊임없이 눈앞에 펼쳐지면서 상품들을 욕망하도록 유도합니다. 그러니 우리가 의식하지 못하는 사이에 더 많은 돈을 가져야 하고 돈이 있으면 모든 것이 해결된다는 물신주의에 젖어들게 됩니다.

'돈 없이 살 수 있나.' 하는 생각에서 자유로운 사람이 어디 있을까요? 빌리켄 인형이라는 게 있어요. 일본 오사카의 명물인데 이 인형은 배가 볼록 나온 달마상처럼 보이기도 하고 불상같이 보이기도 합니다. 뾰족한 머리에 커다란 두 발을 뻗고 앉아 있는 좌상인데 이 빌리켄의 발을 문지르며 소원을 빌면 소원이 이루어진다고 해요. '믿거나 말거나'이지만 이런 소문은 금세 퍼지죠. 제주도에 있는 돌하르방의 코를 문지르면 아들을 낳는다고 해서 돌하르방마다 코가 다 뭉개진 것만 봐도 사람들의 심리를 이해할 수 있지 않나요?

빌리켄 인형은 일본이 아닌 미국이 원산지였어요. 이 인형이 처음 나왔을 때 '반드시 존재해야 하는 물건들의 신'을 상징했다고 합니다. 물건의 신이 만들어진 거예요. 놀랍죠. 물신주의가 그만큼 팽배해 있다는 증거일까요? 여하튼 빌리켄 인형은 이제 걱정거리를 쫓아 주는 인형으로 바뀌었다고 해요. 물건의 신은 정말 모든 걱정을 쫓아 주는 걸까요?

블랙프라이데이에 최대 할인 판매를 한다는 얘길 했었지요? 잠깐 추수 감사절 날짜에 대한 얘길 해 보려고요. 우리나라도 설날이나 추석은 물론이고 최근엔 우리와 그다지 상관이 없었던 밸런타인데이와 핼러윈데이까지 쇼핑 업계에서 판매에 활용합니다. 전 세계 어디나 밸런타인데이나 크리스마스, 추수 감사제와 같은 특정한 날을 기념하며 쇼핑 업계에서는 큰 폭의 할인 행사를 합니다. 원래 기업하는 입장에서는 휴일을 좋아하지 않았어요. 그런데 어느 순간부터 휴일을 물건 판매와 연결 짓기 시작했죠. 추수 감사절은 원래 11월 마지막 목요일이었어요. 그러다 슬그머니 11월 넷째 주 목요일로 변경되었지요. 그 배경을 알고 있나요? 12월 25일 크리스마스까지 이어지는 크리스마스 분위기를 만들려고 그랬다고 해요. 마지막 목요일보다는 넷째 주 목요일로 추수 감사절이 앞으로 며칠 더 당겨진다면 그만큼 쇼핑 시즌이 늘어나게 되니까요.

리우 볼린이라는 중국 출신 예술가가 있어요. 위장 예술가로 유명하죠. 리우가 주로 하는 작업은 사람이 어떤 물건이나 건물 등에 녹아 들어가 보이지 않도록 몸을 감쪽같이 채색하는 겁니다. 그래서 자세히 들여다보지 않으면 사람을 찾을 수가 없어요. 그의 작품 가운데 '슈퍼마켓 2'라는 작품은 마트 진열대 속에 사람이 투명 인간처럼 스며들어 있어요. 마치 소비에 녹아든 오늘 우리들의 삶을 표현한 것 같아서 공감이 되더라고요.

요즘 청년들의 꿈 중 부동산 임대업자가 상위에 올랐다는 얘기는 웃지 못할 현실입니다. 여러분 표현대로 한다면 '웃픈' 현실인 거죠. 아무 하는 일 없이 꼬박꼬박 돈이 들어오는 게 미래에 하고 싶은 꿈이라니 절망스럽다는 생각마저 들었어요. 정작 하고 싶은 일을 돈 걱정 없이 하고 싶다는 얘기로도 애써 해석해 보지만 여전히 그 꿈이라는 것이 우리 사회의 잘못된 가치관이 청년들에게 전달된 듯해서 슬프더군요. 돈이 없어도 꿈을 실현할 수 있는 세상은 정말 요원한 걸까요?

인터넷 쇼핑몰을 돌아다니며 물건을 사다 보면 어느 순간 불안과 근심이 사라진다는 얘길 하는 사람들이 꽤 있더라고요. 텔레비전 홈쇼핑에서 광고하는 물건들을 보고 사지 않으면 잠이 오지 않는다는 사람들도 있다는 얘길 들었어요. 사람들과의 관계가 끊긴 자리에 소비가 비집고 들어오고 있다는 생각을 합니다. 사람들과의 관계란 곧 소통이죠. 소통이 막혀 버린 자리에 도착적 욕망이 생겨난다는 가타리의 말을 실감합니다.

사람들과의 관계는 여러분의 친구 관계를 떠올려 보면 금세 이해가 갈 거예요. 제가 어릴 적에는 친구를 사귄다는 것은 별거 아닌 일까지도 함께하는 거였어요. 고민을 함께하고 서로의 생각을 나누며 공감하는 가운데 친구가 되었던 것 같아요. 마음이 통한다는 생각을 하면 정말 밥을 먹지 않아도 든든하고 꽉 찬 느낌이 들었거든요. 인간은 결국 외로운 존재인데 마음과 마음이 서로 통한다는 걸 확인하게 되면 그 외로움이 좀 덜어지거든요. 요새 여러분이 친구라고 하는 관계를 들여다보면 함께 모여서도 얼굴을 마주 보지 않고 온라인으로 만나서 게임을 하거나, 심지어 각자의 집에서 인터넷으로 만나기도 하더라고요.

서로가 얼굴을 맞대고 아주 사소한 농담이라도 나누며 웃고 울고 하는 관계가 이렇게 각자의 활동으로 변하고 있어요. 단지 한 공간에 있을 뿐 얼굴을 마주하고 소통할 겨를이 사라져 버리는 거지요. 그래서 친구를 만나고 헤어져도 그 헛헛함은 여전히 남게 되죠. 그래서 또 새로운 게임을 찾고 새로운 물건을 찾고 쇼핑을 하게 되는 건 아닌가 생각합니다.

언제부턴가 함께 돕고 나누며 살아가는 지혜가 사라져 버리고 있다는 생각을 자주 하게 됩니다. 각자도생이라고 하죠. 내가 내 살 길을 내가 스스로 찾는다. 우리가 이런 구조 속에서 살게 된 게 우리 개개인의 선택일까요? 저는 시스템의 문제라고 생각합니다. 사실 문제점이 무엇인지를 아는 일은 중요합니다. 그래야 해결 방법을 찾을 수 있으니까요. 그렇다면 뭐가 해결 방법일까요?

저는 생태 감수성을 우선순위에 놓고 싶어요. 생태 감수성이란 우리와 함께 살고 있는 수많은 생명들과 공감할 수 있는 능력이라고 봅니다. 생명들과의 공감, 그것은 전체를 조망할 수 있다는 것이고 상호 관계성과 조화로움을 이해한다는 것이니까요. 동시에 미래를 염두에 두게 되지요. 오늘날 우리의 삶을 들여다보면 한순간만 살고 말 것처럼 소비하고 있어요. 오직 오늘만 사는 것처럼 쓰레기를 남기고 있고요. 미래 세대가 어떤 걸 물려받게 될지, 어떤 걸 고통스러운 빚더미로 떠안게 될지에 대한 고민이 전혀 없다는 거지요. 사정이 이러니 우리와 함께 사는 생명에 대한 배려는 말할 필요도 없겠지요.

위기를 마주하는 일에는 용기가 필요합니다. 용기란 뭔가요? 두려움을 넘어서는 것이 용기가 아닐까 싶어요. 내야 할 목소리를 내는 것이 용기고 행동이 필요한 때에 행동할 수 있는 게 바로 용기라고 생각합니다. 그렇다면 어떤 용기를 내 볼 수 있을까요? 가장 가깝게는 성장해야 한다, 발전해야만 한다는 말을 맹목적으로 받아들일 것이 아니라 의심하고 한 번쯤 진지하게 생각해 보는 것이 용기라 생각합니다. 왜 성장해야 하지? 왜 꼭 발전해야 하는 거야? 하는 의문을 던질 필요가 있다는 거지요. 모두가 "예." 할 때 "아니요." 할 수 있는 용기가 필요한 시점입니다. 대부분 이런 의문조차 느끼지 못하고 그냥 정신없이 살고 있으니까요.

더글러스 러미스가 쓴 『경제 성장이 안 되면 우리는 풍요롭지 못할 것인가』을 잠깐 언급하려고 합니다. 의문문 같은데 물음표가 없죠. 여러분이 물음표를 찍었으면 좋겠습니다. 경제 성장이 안 된다면 우리는 풍요롭지 못할 것이냐는 의문이죠. 경제 성장이 풍요로움을 가져다줬다고 볼 수도 있어요. 그렇지만 경제 성장이 모두에게 풍요로움을 가져다주진 않았어요. 오히려 경제 성장으로 인해 빈부의 격차가 훨씬 더 벌어지게 되었지요.

아무리 경제가 성장을 해도 풍요로움의 혜택 바깥에 있는 사람들은 어쩔 수 없이 가난하다면 이건 경제 성장과 풍요로움의 관계를 다시 생각해 볼 부분입니다. 요점은 '성장'이 아니라 '분배'에 있는 거요. 그러니 성장만을 강조한다는 것은 모순이라는 생각이 듭니다. 더글러스 러미스는 풍요의 질을 바꾸자고 합니다. 그리고 성장 대신 '제로'

성장을 말합니다. 오히려 경제 성장이 아닌 대항 발전을 얘기해요. 러미스는 지금까지 우리가 알고 있던 발전은 사실 가짜 발전이었고 거짓 발전이었다는 겁니다. 앞서 분배를 이야기했지만 모두가 풍요로울 수 있는 발전은 경제가 중심에 있는 발전이 아니라 사람이 중심에 놓이는 발전이라는 거지요.

대항 발전을 위해 러미스는 몇 가지 제안을 합니다. 그 가운데 첫 번째가 줄이는 발전을 하자는 겁니다. 뭘 줄일까요? 에너지 소비를 줄이고, 경제 활동에 들이는 시간을 줄이고 가격이 붙은 것을 줄이자고 합니다. 하나 더 소개하자면 경제 이외의 것을 발전시키자고 합니다. 경제 이외의 것이라고 하면 뭐가 있을까요? 경제, 시장 이외의 활동 속에서 우리가 누릴 수 있는 즐거움, 행동, 문화와 같은 것들이 있지요. 이를 발전시키자는 거예요. 경제 혹은 시장 활동에서 가장 중요한 것은 교환 가치인데 그것을 줄이고 사용 가치가 높은 것을 늘리자는 얘깁니다. 어떤가요? 여러분이라면 대항 발전을 하고 싶은가요? 너무 꿈같은 소리일까요?

여섯 번째 강의에서 예를 들었던 많은 것들은 위기를 극복하려는 지혜들의 집합입니다. '지속 가능'이라는 키워드는 21세기를 살아가는 우리에게 필수 불가결한 요소이지요. 뒤집어 말하면 현재 우리 인류의 삶이 지속 불가능하게 흘러가고 있다는 의미기도 해요.

독일 하면 지속 가능성의 나라라는 이미지가 먼저 떠오릅니다. 독일은 알면 알수록 단순한 이미지가 아닌 실제로 지속 가능한 삶을 살고 있는 나라입니다. 독일의 에너지 전환은 유명하지요. 독일은 에너지 전환을 통해 지속 가능성을 열어가고 있어요. 과거 독일의 에너지 공급은 석유, 석탄, 가스, 원자력이었는데 재생 에너지로 전환하는 데 속도를 내고 있어요. 2050년까지 전기 공급의 80퍼센트 이상을, 전체 에너지 공급의 60퍼센트 이상을 재생 에너지로 대체한다는 목표를 설정했어요. 2022년까지 핵발전소를 폐쇄하기로 이미 결정했고, 2025년까지 전기 공급에서 재생 에너지가 차지하는 비율을 40~45퍼센트(2016년 8월 기준, 29퍼센트)까지 끌어올릴 계획도 갖고 있어요.

독일을 비롯해서 재생 에너지로의 전환을 추진하는 나라들은 두 가지 점에서 합의하고 있습니다. 첫째는 석탄, 석유, 가스 등과 같은 화석 연료가 점점 고갈되고 있다는 것이고요. 둘째는 기후 변화가 현대 사회에 위협으로 부상했다는 것입니다. 이 두 가지 문제를 모두 해결할 수 있는 기술적 해결책이자 비용이 저렴하면서 자국 내에서 생산이 곧바로 가능한 것이 재생 에너지입니다. 그런데 이런 에너지 전환도 중요하지만 기본적으로 절약과 검소한 삶이 전제되지 않는다면 지속 가능한 삶은 결코 현실이 될 수 없을 거예요. 결국 소비의 문제를 새롭게 봐야합니다.

불편하고 힘든 내용들을 끝까지 읽어 준 여러분에게 경의를 표합니다. '일단 시작하는 게 중요'합니다. 그리고 세상 모든 일이 영화처럼 그렇게 한순간에 이루어지는 건 없습니다. 저는 '너 혼자 이런다고 세상이 바뀌어?'라는 말을 정말 많이 들었어요. 지금도 듣고 있는 말이에요. 일회용 컵 대신 머그잔을 사용하고 텀블러를 고집했고, 머그잔이 없는 카페에서는 그냥 나와 버렸을 때 사람들이 저를 향해 했던 말들이죠. 비닐장갑을 가능하면 안 쓰려 노력하는 저를 향해 가족들을 포함한 주변의 많은 지인들이 농담 반 진담 반으로 했던 말이에요.

그런 말을 들을 때마다 마음속으로 수많은 갈등이 일어나죠. '그래, 나 혼자 이런다고 세상이 바뀔까?' 어떤 날은 '나라도 실천해 보자….' 저는 이유야 어떻든 일단 시작하는 게 중요하다고 생각했어요. 하다가 벽에 부딪히면 그때 다시 방법을 찾고 그렇게 하더라도 안 하고 포기하는 것보다 훨씬 낫다고 생각했어요. 하나가 둘이 되고 둘이 셋, 다섯, 열…, 이렇게 퍼져 나가게 되면 어느 순간 큰 변화가 생길 거라는 생각을 했던 거죠. 변화는 세 사람만 있어도 충분합니다. 여러분이 그 세 사람 가운데 하나일 거라 확신합니다.

모든 생명을 사랑하고 너와 내가 둘이 아님을 느낄 때, 세상 모든 존재가 서로 연결되어 있다는 걸 강하게 느낄 때 우리가 사는 세상은 좀 더 살 만한 세상이 될 것이라고 믿습니다.

참고 문헌

C. 더글라스 러미스 지음, 최성현·김종철 옮김, 『경제성장이 안 되면 우리는 풍요롭지 못할 것인가』, 녹색평론사, 2011.

나오미 클라인 지음, 이순희 옮김, 『이것이 모든 것을 바꾼다』, 열린책들, 2016.

녹색평론 편집부, 〈녹색평론〉, 녹색평론사.

니코 페허 지음, 고정희 옮김, 『성장으로부터의 해방』, 나무도시, 2015.

리처드 로빈스 지음, 김병순 옮김, 『세계문제와 자본주의 문화』, 돌베개, 2014

세르주 라투슈 지음, 이상빈 옮김, 『발전에서 살아남기』, 민음사, 2015.

수전 스트레서 지음, 김승진 옮김, 『낭비와 욕망』, 이후, 2010.

신승철 지음, 『펠릭스 가타리의 생태철학』, 그물코, 2011.

이반 일리치 지음, 권루시안 옮김, 『과거의 거울에 비추어』, 느린걸음, 2013

이반 일리치 지음, 노승영 옮김, 『그림자 노동』, 사월의책, 2015

지그문트 바우만 지음, 안규남 옮김, 『왜 우리는 불평등을 감수하는가?』, 동녘, 2013.

최원형 지음, 『세상은 보이지 않는 끈으로 연결되어 있다』, 샘터사, 2016.

클로드 레비-스트로스 지음, 『야생의 사고』, 한길사, 1996.

틱낫한 지음, 강옥구 옮김, 『틱낫한 스님의 반야심경』, 장경각, 2003